URS SCHAER

GRUNDLAGEN FÜR DIE WIRTSCHAFTLICHE BEURTEILUNG VON SEILBAHNEN – EINE KRITISCHE ANALYSE SCHWEIZERISCHER VERHÄLTNISSE

Berner Studien zum Fremdenverkehr

Herausgegeben vom Forschungsinstitut für Fremdenverkehr an der Universität Bern unter der Leitung von

PROF. DR. JOST KRIPPENDORF

Heft 18

Herbert Lang & Cie AG Bern und Frankfurt/M.

Urs Schaer

Grundlagen für die wirtschaftliche Beurteilung von Seilbahnen — Eine kritische Analyse schweizerischer Verhältnisse

Herbert Lang & Cie AG Bern und Frankfurt/M., 1976

ISBN 3 261 01962 X

Meinen Eltern

V O R W O R T

Die touristischen Spezialverkehrsmittel sind in letzter Zeit immer vermehrt ins Schussfeld der Kritik geraten. Einerseits wird deren gesamtschweizerisch defizitäre Finanzlage angeprangert, andererseits werden sie immer mehr in die wenig beneidenswerte Rolle des Prügelknaben für Zerstörungserscheinungen in der Landschaft gedrängt. In der vorliegenden Arbeit - die u.a. vom leider inzwischen verstorbenen Prof. Dr. P. Stocker angeregt wurde - soll die Bedeutung und Funktion der touristischen Spezialverkehrsmittel analysiert und den spezifischen angebots- und nachfrageseitigen Verhältnissen der Luftseilbahnen nachgegangen werden. Massnahmen zur Verbesserung der Situation bestehender Luftseilbahnunternehmen und Vorschläge zur Beurteilung neuer Projekte bilden den Schlussteil unserer Untersuchung.

Die Durchführung meiner Arbeit verdanke ich der Unterstützung meines Lehrers, Herrn Prof. Dr. J. Krippendorf, Direktor des Forschungsinstitutes für Fremdenverkehr an der Universität Bern und des Schweizerischen Fremdenverkehrsverbandes. Ferner möchte ich folgenden Personen für ihre Hilfsbereitschaft bei der Konzeption der Arbeit und bei der Beschaffung der notwendigen Unterlagen danken: Dr. P. Keller, Chef des Fremdenverkehrsdienstes des Eidg. Amtes für Verkehr und den Herren Inspektoren des Eidg. Amtes für Verkehr.
Der Stiftung zur Förderung der wissenschaftlichen Forschung an der Universität Bern (Hochschulstiftung) sowie der Direktion des Eidg. Amtes für Verkehr gebührt mein ganz besonderer Dank für die finanzielle Unterstützung bei der Datenerfassung und -verarbeitung.

Bern, Januar 1976 Der Verfasser

INHALTSVERZEICHNIS Seite

Seite

Seite

TABELLEN - VERZEICHNIS

Seite

GRAFIKEN - VERZEICHNIS

1. EINLEITUNG

1.1 Gegenstand

Unter dem Begriff "touristische Spezialverkehrsmittel" verstehen wir in Anlehnung an Pfund öffentliche Verkehrsmittel, "die mit wenigen Einschränkungen ausschliesslich dem Tourismus dienen"[1] und deren Frequenzen schwergewichtig aus dem Ferienaufenthalts- und dem Naherholungstourismus resultieren. Die touristischen Spezialverkehrsmittel können wir einerseits nach der Art der Anlage (Zahnradbahn, Standseilbahn[2], Luftseilbahn, Skilifte usw.) und andererseits nach der behördlichen Instanz unterscheiden, die zur Erteilung einer Konzession (Bund) bzw. Bewilligung (Kanton) für den Bau und Betrieb einer Anlage zuständig ist.

In Uebersicht Seite 18 sind die touristischen Spezialverkehrsmittel aufgeteilt nach der Konzessions- und Bewilligungsbehörde. Wir beschränken unsere nachfolgenden Ausführungen im wesentlichen auf die eidg. konzessionierten Touristenbahnen, deren Angaben (Betriebs- und Verkehrsleistungen, Betriebsrechnungen, Gewinn- und Verlustrechnungen, Bilanzen und Baukosten) vom Eidg. Amt für Verkehr in der Schweizerischen Verkehrsstatistik veröffentlicht werden. Die Ortsbahnen, welche sowohl bei den Zahnrad- als auch bei den Standseilbahnen getrennt aufgeführt sind, bilden demnach nicht Gegenstand dieser Arbeit. Vollständigkeitshalber muss noch erwähnt werden, dass es auch im Bereiche der Luftseilbahnen Ortsbahnen gibt, ohne dass diese

---

1) Pfund C., Rechtliche und wirtschaftliche Probleme der touristischen Spezialverkehrsmittel, Diss. St. Gallen, Zürich 1968, Seite 1.

2) oft auch Drahtseilbahn genannt.

<u>Uebersicht:</u> Touristische Spezialverkehrsmittel

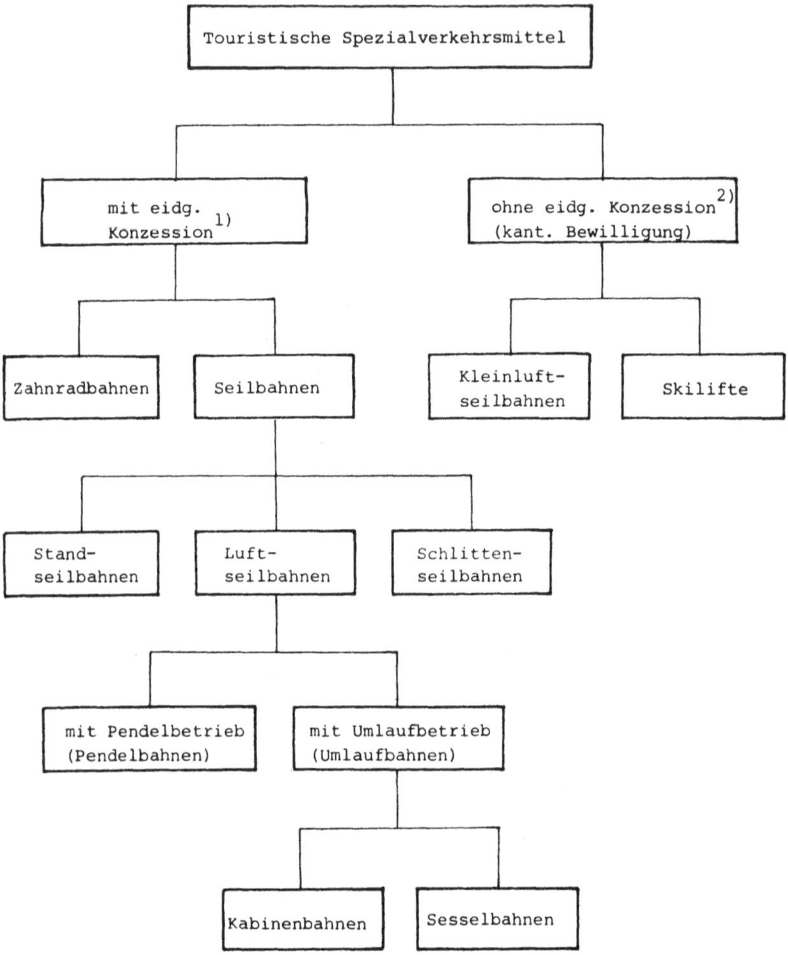

---

1) Gestützt auf Art. 1 Abs. 2 des Eisenbahngesetzes vom 20. Dezember 1957 und Art. 3 Abs. 1 des Bundesgesetzes betreffend den Postverkehr (Postverkehrsgesetz) vom 2. Oktober 1924.

2) Gestützt auf Art. 2 Abs. 2 des Bundesgesetzes betreffend den Postverkehr a.a.O., ausführliche Regelung in: Verordnung über die Luftseilbahnen mit Personenbeförderung ohne Bundeskonzession und Skilifte vom 22. März 1972.

jedoch in der Schweizerischen Verkehrsstatistik gesondert ausgewiesen werden. Es handelt sich hier in der Regel um Anlagen, die Gemeinden in höheren Lagen mit dem Talboden verbinden (Dorferschliessungsbahnen)[1]. Obschon diese Dorferschliessungsbahnen in überwiegendem Masse von der einheimischen Bevölkerung benützt werden und touristisch nur eine untergeordnete Rolle spielen, haben wir angesichts der geringen angebots- und nachfrageseitigen Bedeutung dieser Bahnen auf die Ausgliederung derselben innerhalb der Schweizerischen Verkehrsstatistik verzichtet.

Das Transportvermögen der einzelnen touristischen Transportmittelarten[2] hat sich seit 1960 sehr unterschiedlich entwickelt, wobei die Zunahmen grösstenteils auf Luftseilbahnen und Skilifte entfallen. Während das Transportvermögen der Luftseilbahnen in einer Richtung je Stunde im Jahre 1960 in der Schweiz rund 37'500 Personen betragen hat, können im Jahre 1972 rund 152'000 Personen befördert werden (vgl. dazu insbesondere Tabelle 5 Seite 44). Geradezu explosiv hat sich die Transportkapazität der Skilifte in der Schweiz erweitert von rund 120'000 Personen je Stunde im Jahre 1960[3] auf rund 750'000 Personen je Stunde im Jahre 1974[4].

---

1) Beispiele: Gampel-Jeizinen, Flüelen-Eggbergen, Rhäzüns-Feldis, Schattdorf-Haldi, Raron-Eischoll u.a.m.

2) Gleichbedeutend wie touristische Spezialverkehrsmittel.

3) Eigene Berechnungen nach: Aufzüge, Luftseilbahnen und Skiliftanlagen für die Personenbeförderung, Stand November 1960, hrsg. von der Generaldirektion PTT, Postbetriebsdienst, Sektion Inland.

4) Eigene Berechnungen gestützt auf eine Erhebung des Delegierten des Bundesrates für Raumplanung.

Nur unbedeutend im Vergleich zu den Luftseilbahnen und Skiliften ist die Zunahme im Transportvermögen der Standseilbahnen von 20'500 Personen pro Stunde im Jahre 1960 auf ca. 25'000 Personen pro Stunde im Jahre 1972 (vgl. dazu auch Tabelle 6 Seite 48). Die Transportkapazität der Zahnradbahnen ist im Gegensatz zu den übrigen bisher genannten Touristenbahnen nicht der Verkehrsstatistik zu entnehmen, d.h. sie kann schlechthin nicht bestimmt werden, da die Zugslänge und die Dichte der Züge, als Komponenten der Transportkapazität, abhängig sind vom vorhandenen Wagenmaterial. Obschon der Marktanteil der von Zahnradbahnen beförderten Personen in der Schweiz nurmehr rund 10% beträgt, werden wir diese - im Gegensatz zu anderen Untersuchungen[1] - soweit zur Gesamtbeurteilung der touristischen Transportanlagen erforderlich, in unsere Betrachtungen einbeziehen. Die Unterteilung der Seilbahnen in Luft- und Standseilbahnen scheint uns aus den nachfolgenden Gründen geradezu zwingend notwendig zu sein:

- Es handelt sich hier um zwei Transportmitteltypen, deren Erstellungskosten von unterschiedlichen Faktoren abhängig sind und deren Betriebs-, Gewinn- und Verlustrechnung nach anderen Gesichtspunkten erstellt werden (z.B. Abschreibungen), so dass jegliche Vergleichbarkeit zum vornherein in Frage gestellt wird.
- Seit 1934 ist keine neue Standseilbahn mehr gebaut worden. Angesichts der Baukosten für Untergrund, Trasseeführung,

1) Pfund C., a.a.O. Beschränkt sich in seiner Untersuchung vorwiegend auf die Standseil- und Luftseilbahnen, wobei er diese zum Teil zusammenfasst.
Stoessel H., Sport und Fremdenverkehr, Die Bedeutung des Sports für den schweizerischen Fremdenverkehr, St. Galler-Beiträge zum Fremdenverkehr und zur Verkehrswirtschaft, Nr. 3, (Reihe Fremdenverkehr) beschränkt sich in seiner Untersuchung lediglich auf die Luftseilbahnen und Skilifte.

Wagenmaterial usw. dürfte dies auch in Zukunft nur noch in Ausnahmefällen möglich sein.

- Die Frequenzentwicklung der beiden Transportmitteltypen ist sowohl in ihrem gesamtschweizerischen quantitativen Ausmass als auch in ihrer regionalen Verteilung sehr unterschiedlich.

Gegenstand der vorliegenden Arbeit bilden demnach die touristischen Spezialverkehrsmittel, die der eidgenössischen Konzessionierung unterliegen. Wie oben ausgeführt, werden wir uns dabei in erster Linie mit den Luftseilbahnen befassen, ohne jedoch die Zahnrad- und Standseilbahnen dabei ausser acht zu lassen. Die Skilifte können leider in unsere Untersuchung nicht miteinbezogen werden, da das statistische Grundlagenmaterial grösstenteils fehlt. Neben der geographischen Lage der einzelnen Skilifte, sowie den Angebotsdaten (Höhendifferenz, schräge Länge, Transportvermögen je Stunde) sind keine weiteren Informationen verfügbar. Insbesondere fehlen Angaben betreffend erzielter Frequenzen, Betriebsrechnungen, Gewinn- und Verlustrechnungen, Bilanzen usw.).

Mit Ausnahme der Skilifte sind keine Transportmittel, die ohne Bundeskonzession Personen befördern dürfen, touristisch von Bedeutung. Am Beispiel der Kleinluftseilbahnen kommt dies klar zum Ausdruck. Diese dürfen nicht mehr als 2 Transportbehälter aufweisen, in denen nicht mehr als je 4 - 8 erwachsene Personen befördert werden dürfen.[1] Daraus ist ersichtlich, dass das Transportangebot pro Stunde nur ein geringes Ausmass hat und für unsere Arbeit vernachlässigt werden darf.

---

1) Verordnung über die Luftseilbahnen mit Personenbeförderung ohne Bundeskonzession und über die Skilifte, vom 22. März 1972, insbesondere Art. 8 und Art. 10 Absatz 1 und 2.

Der Vollständigkeit halber sind noch die Schlittenseilbahnen zu erwähnen, die der Kategorie der Seilbahnen zugeordnet sind. In der Schweiz beschränkt sich das Angebot dieser Transporttypen auf einige wenige Beispiele wie Saanenmöser-Hornberg, so dass diese sowohl angebots- als auch nachfrageseitig für unsere Belange ebenfalls von untergeordneter Bedeutung sind und nicht ausgegliedert werden.

1.2 Grundproblem

Wir haben davon auszugehen, dass die wirtschaftliche Lage der touristischen Spezialverkehrsmittel (insbesondere der Luftseilbahnen) sehr unterschiedlich ist und sich in den letzten Jahren kontinuierlich verschlechtert hat. Während im Jahre 1969 97 Luftseilbahnunternehmen einen kumulierten Aktivsaldo von rund 10,4 Mio Franken erwirtschaftet haben, beträgt der kumulierte Passivsaldo von 60 Unternehmen im gleichen Jahre rund 14,1 Mio Franken, woraus gesamtschweizerisch ein Defizit von ca. 3,7 Mio Franken resultiert. Dieses Defizit ist bis ins Jahr 1972 auf rund 9,3 Mio Franken angestiegen.[1]

Nach den heute geltenden Bestimmungen für die Konzessionserteilung muss die Unternehmung u.a. Gewähr dafür bieten, dass sie alle sich ergebenden Verpflichtungen aus Gesetz, Verordnung, Ausführungsbestimmungen und Konzession einhalten wird.[2] Das Eidg. Amt für Verkehr hat als Konzessionsbehörde die Verpflichtung, im Rahmen der Prüfung von Konzessionsgesuchen die allgemeinen Landesinteressen zu berücksichtigen, ferner diejenigen des Natur- und Heimatschutzes sowie der Forstwirtschaft.

1) 1973 beträgt es bereits 13,6 Mio Franken.

2) Vgl. dazu: Verordnung zum Postverkehrsgesetz vom 1. September 1967, Art. 11 Abs. 1, lt. c.

Die Unternehmung muss ferner Gewähr bieten für die Betriebssicherheit, die jedoch u.E. nur garantiert ist, wenn die notwendigen Unterhaltsarbeiten getätigt und die entsprechenden Abschreibungen vorgenommen werden können. Daraus ist ersichtlich, dass die touristischen Transportunternehmen ihre Geschäftstätigkeit vorwiegend nach betriebswirtschaftlichen Gesichtspunkten gestalten müssen und als Einzelunternehmen die Verantwortung für die gewerbemässige Beförderung von Reisenden tragen.

Das Grundproblem bei bestehenden touristischen Spezialverkehrsmitteln erblicken wir in der Frage nach den Bestimmungsgründen, die zur heute vielfach unerfreulichen finanziellen Entwicklung geführt haben.

Das Grundproblem bei projektierten Anlagen dagegen kann wie folgt umschrieben werden: Welches sind die Erfordernisse, die an ein Konzessionsgesuch für eine Luftseilbahn gestellt werden müssen. Angesichts der Verknappung der noch freien Landschaften sowie der finanziellen Mittel, wird man in Zukunft die Projekte einer viel gründlicheren Beurteilung unterziehen müssen, als dies in der Vergangenheit geschehen ist. Allzu oft hat man sich mit einigen wenigen Angaben, die oft nicht einmal kritisch durchleuchtet worden sind, begnügt. Wir werden u.a. aufzeigen, inwieweit neben der betriebswirtschaftlichen Beurteilung solcher Projekte auch regional-wirtschaftliche Aspekte beigezogen werden müssen.

1.3 Vorgehen

In einem ersten Abschnitt werden wir die volkswirtschaftliche Bedeutung und die Funktionen der touristischen Spezialverkehrsmittel darlegen, um so deren Stellenwert innerhalb des touristischen Gesamtangebotes (ursprüngliches und abgeleitetes) ermitteln zu können. Diese Betrachtungen werden wir getrennt nach Winter- und Sommersaison vornehmen. Im Anschluss daran erfolgt eine Analyse der relevanten Nachfrage- und Angebotsdaten der touristischen Spezialverkehrsmittel, so u.a.:

- Beförderte Personen nach Saison
- Transportvermögen in einer Richtung je Stunde
- Nutzungs- bzw. Auslastungsgrad
- Betriebsaufwand und -ertrag nach einzelnen Komponenten
- Rentabilität
- Abweichung der Bau- von den Projektkosten.

Die Angebots- und Nachfrageanalyse beruht im wesentlichen auf dem vom Eidg. Amt für Verkehr veröffentlichten Zahlenmaterial (Schweizerische Verkehrsstatistik). Aufgrund der Konzessionsunterlagen und Geschäftsberichte einzelner Unternehmen, sollen mögliche Gründe aufgezeigt werden, die zur unerfreulichen Finanzlage geführt haben.

Im letzten Teil unserer Untersuchung werden wir Massnahmen zur Verbesserung oder Konsolidierung der wirtschaftlichen Situation bestehender Unternehmungen vorschlagen und Anforderungen postulieren, die u.E. in Zukunft an Konzessionsgesuche von Luftseilbahnen gestellt werden müssen.

2. VOLKSWIRTSCHAFTLICHE BEDEUTUNG UND FUNKTION DER TOURISTISCHEN SPEZIALVERKEHRSMITTEL

2.1 Volkswirtschaftliche Bedeutung der touristischen Spezialverkehrsmittel

Im vorangehenden Abschnitt haben wir die zum Teil ungünstigen betriebswirtschaftlichen Rentabilitätsverhältnisse erwähnt, ohne jedoch auf die Ursachen dieser Situation hingewiesen zu haben. Neben der betriebswirtschaftlichen gibt es auch eine "volkswirtschaftliche Rentabilität" der touristischen Transportanlagen. In den meisten Fällen leisten diese lokal- und regionalwirtschaftlich namhafte Entwicklungsbeiträge, deren Erfassung und Quantifizierung jedoch mit erheblichen Schwierigkeiten verbunden ist.[1)] Im schweizerischen Berggebiet sind mit wenig Ausnahmen (gewisse Fremdenverkehrsorte an Seen, wie z.B. Weggis, Vitznau) alle Kurorte auf den zweisaisonalen Tourismus angewiesen. Die Wintersaison (und damit der Wintersport) hat in den vergangenen Jahren ihren Anteil am Total der jährlichen Logiernächte spürbar gesteigert und ist vielerorts zur dominierenden Saison aufgerückt. Das Vorhandensein touristischer Spezialverkehrsmittel bildet demnach eine Grundvoraussetzung schlechthin für die Existenz der Fremdenverkehrsorte im Berggebiet.[2)]

---

1) Krippendorf J., Die Bedeutung der Luftseilbahnen für den schweizerischen Fremdenverkehr - wirtschaftliche Erwägungen und Gedanken zur Konzessionierungspraxis, Kurzreferat, gehalten an der Sitzung der parlamentarischen Gruppe für Verkehr und Tourismus vom 29.9.1971 in Bern.

2) Kaspar C., u.a. Die touristische Erschliessung des Hochgebirges durch Luftseilbahnen, Institut für Fremdenverkehr und Verkehrswirtschaft an der Hochschule St. Gallen für Wirtschaft und Sozialwissenschaft, Sonderreihe Verkehrswirtschaft Nr. 2, St. Gallen, März 1973, Seite 19.

Wenn auch die nachstehenden Ausführungen von Bumann[1] aus der Sicht des Schweizerischen Verbandes der Seilbahnunternehmungen sehr absolut gehalten sind, umschreiben sie doch die Situation der Bergbahnen zutreffend. "Kein Kurort von Ruf ist ohne Sport- und Bergbahn denkbar. Seilbahnen sind die Lebensträger oder Lebensadern eines Kurortes geworden. Die Wintersaison konnte dank der Erschliessung von Nordhängen mittels Bergbahnen wesentlich verlängert werden. Ohne die verschiedenen Sport- und Transportmittel in unseren Kurorten wären ein Teil der Hotels und auch Berggemeinden noch im Dornröschenschlaf, und auch in verschiedenen Bergregionen wäre es um den Wohlstand unserer Tage anders bestellt. Das klassische Touristenland Schweiz benötigt ihre Dienstleistungen, ihre Existenz und sogar ihre weitere, vernünftige Ausdehnung."

Bis zum heutigen Zeitpunkt ist den touristischen Transportanlagen von keiner Seite eine Abgeltung ihres volkswirtschaftlichen Beitrages an die lokale und regionale Wirtschaft zuteil geworden (z.B. Defizitgarantien der Gemeinden für die betriebswirtschaftlich wenig interessante Nachsaison), obschon Kurort und Region zweifellos davon profitieren, dass die touristischen Transportanlagen ihre Dienste auch in für sie betriebswirtschaftlich unrentablen Saisonabschnitten (Vorsaison und Nachsaison) zur Verfügung stellen. Bumann[2] hat in diesem Zusammenhang ebenfalls betont, dass Luftseilbahnen - obwohl sie keine Hühner sind, die goldene Eier legen - einen entscheidenden orts- und regionalwirtschaftlichen Nutzen zu bewirken vermögen. Somit

---

1) Bumann H., Luftseilbahnen - umstrittene Objekte der Wirtschaftlichkeit, in: Der Walliser Bote, Freitag, 19. Mai 1972, Seite 3.

2) Bumann H., a.a.O.

kann man sich die berechtigte Frage stellen, ob touristische Spezialverkehrsmittel denn auch in allen Fremdenverkehrsgebieten und zu jedem Zeitpunkt eine betriebswirtschaftliche Rendite abwerfen müssen, d.h. dann und nur dann gebaut werden dürften, wenn eine solche erwartet werden kann. In Abschnitt 2.2 (Funktionen der Seilbahnen) werden wir auf diesen uns besonders wichtig erscheinenden Sachverhalt noch näher eintreten. Bereits an dieser Stelle möchten wir jedoch darauf hinweisen, dass es angesichts der erwiesenermassen vorhandenen und bedeutungsvollen volkswirtschaftlichen Rentabilität der Luftseilbahnen verfälschend und einseitig wirkt, wenn dauernd die z.T. ungünstige betriebswirtschaftliche Rentabilität der Luftseilbahnen angeprangert wird ohne entsprechende Hinweise auf gesamtwirtschaftliche Aspekte. Es scheint uns daher angebrachter, den Begriff der Rentabilität viel weiter zu fassen und die touristischen Transportanlagen nicht isoliert für sich, sondern als Glieder einer gesamten Dienstleistungskette innerhalb eines Fremdenverkehrsortes bzw. einer -region zu betrachten.

Die volkswirtschaftliche Bedeutung der touristischen Spezialverkehrsmittel ist aus naheliegenden Gründen quantitativ nur schwer erfassbar. Auch die sekundären Wirkungen (Multiplikator) auf andere Wirtschaftsbereiche (wie z.B. Industrie/Gewerbe und Landwirtschaft), können in Zahlen kaum ausgedrückt werden. Wir beschränken uns deshalb im folgenden auf die erzielten Umsätze, d.h. den Verkehrs- und Nebenertrag der Seil- und Zahnradbahnen[1] (vgl. dazu Tabelle 1 Seite 28). Der gesamte Ertrag bzw. Umsatz der Seil- und Zahnradbahnen beträgt im Jahre 1972 200 Mio Franken, wovon allein 144 Mio oder 70% auf die Luftseilbahnen entfallen. 90% des Ertrages sind dem Verkehrsertrag, resultierend

---

1) Der Verkehrsertrag der Skilifte ist, wie bereits früher erwähnt, nirgends ausgewiesen, weshalb diese Transportmittel hier nicht aufgeführt werden können.

Tabelle 1: Verkehrs- und Nebenertrag der Seil- und Zahnradbahnen 1972 in der Schweiz

Seil- und Zahnrad-bahnen	Verkehrsertrag: Personen-verkehr Mio. Fr.	Verkehrsertrag: davon Win-terverkehr Mio. Fr.	%	Verkehrsertrag: Güterver-kehr Mio. Fr.	Nebener-trag Mio. Fr.	Ertrag Total Mio. Fr.
	(1)	(2)		(3)	(4)	(5) = (1)+(3)+(4)
Luftseil-bahnen	136,0	101,0	74	2,9	5,5	144,4
Zahnrad-bahnen	35,0	12,0	34	1,1	3,2	39,3
Stand-seil-bahnen	17,5	9,9	56	1,0	2,0	20,5
alle Bahnen	188,5	122,9	65	5,0	10,7	204,2

Quelle: Schweizerische Verkehrsstatistik 1972, hrsg. vom Eidg. Amt für Verkehr.

aus den beförderten Personen, zuzuschreiben. Der Güterverkehr nimmt nur ein unbedeutendes Ausmass ein. Der Anteil des Winterverkehrs im Rahmen des Verkehrsertrages ist je nach Bahntyp sehr unterschiedlich. Dreiviertel des Personenverkehrsertrages der Luftseilbahnen resultieren z.B. aus dem Winterverkehr, ein Wert, der mehr als doppelt so hoch ist wie derjenige der Zahnradbahnen. Zweidrittel der Einnahmen aller beförderten Personen entfallen auf die Wintersaison, wodurch die Feststellung, dass der Wintertourismus für die touristischen Transportanlagen besonders bedeutungsvoll sei, nachhaltig unterstrichen sein dürfte.

Pfund hat den Verkehrsertrag der Seilbahn- und Skiliftunternehmen im Jahre 1970 auf rund 200 Mio Franken geschätzt[1]. Wie wir der Schweizerischen Verkehrsstatistik[2] entnehmen können, beziffert sich der Verkehrsertrag (ohne Güterverkehr) der Luftseilbahnen und Standseilbahnen im Jahre 1970 auf rund 116 Mio Franken, woraus derjenige für die Skilifte abgeleitet werden kann (84 Mio Franken). Unter der Annahme, dass sich der Verkehrsertrag der Skilifte ungefähr proportional zu demjenigen der Seilbahnen entwickelt hat, dürfen wir den Umsatz der Skilifte für das Jahr 1972 auf rund 110 Mio Franken veranschlagen. Somit resultiert ein Gesamtumsatz aus touristischen Spezialverkehrsmitteln von rund 315 Mio Franken für das Jahr 1972. Dies entspricht rund 45 % des Personenverkehrsertrages der Schweizerischen Bundesbahnen.

Der Verkehrsertrag von rund 315 Mio Franken wird zu einem grossen Teil direkt in Einkommen der Bergbevölkerung umgewandelt, nämlich als Personalaufwand des ständigen und des Aushilfspersonals. Nach Pfund[3] werden rund 45 % des Verkehrsertrages in Form von Gehältern direkt an die Angestellten ausbezahlt. Derselbe Autor nimmt an, dass rund 35 % davon indirekt zu Einkommen der Bewohner unserer Berggebiete werden, z.B. durch Verkäufe nicht dauerhafter Konsumgüter usw. Wenn wir bedenken, dass das investierte Kapital zu einem ansehnlichen Teil ebenfalls aus dem Berggebiet selber stammt, dürfen wir annehmen, dass wohl kaum mehr als rund 10 % des Verkehrs-

---

1) Pfund C., Verkehrspolitische Probleme - Konzessionierungs- und Bewilligungspraxis, Referat gehalten an der Generalversammlung des Schweizerischen Verbandes der Seilbahnunternehmungen 1972 in Davos.

2) Schweizerische Verkehrsstatistik, a.a.O., Jahresband 1970.

3) Pfund C., ebenda.

ertrages direkt aus dem Berggebiet in andere Regionen der Schweiz und ins Ausland abfliessen. Damit wird die volkswirtschaftliche Bedeutung der touristischen Spezialverkehrsmittel hinsichtlich der direkten und indirekten einkommens- und beschäftigungspolitischen Auswirkungen klar belegt.

2.2 Funktion der touristischen Spezialverkehrsmittel innerhalb des touristischen Gesamtangebotes

Wie bereits erwähnt, sind die touristischen Spezialverkehrsmittel zum überwiegenden Teil auf den Tourismus ausgerichtet, d.h. ihre Funktion ist insbesondere touristischer Natur[1]. Der Fremdenverkehr kann im gesamten Berggebiet als dominierender Wirtschaftssektor bezeichnet werden, da hier die natürlichen Standortvoraussetzungen unvergleichlich günstiger sind als für Industrie/Gewerbe und intensive Landwirtschaft. Auch wenn in letzter Zeit immer wieder Anstrengungen zur Ansiedlung von Industrie im Berggebiet unternommen worden sind, - die meist ohne Erfolg blieben - dürfte die etwas verallgemeinernde Feststellung nach wie vor zutreffen, wonach das Berggebiet auf Gedeih und Verderben mit dem Tourismus verbunden ist[2]. Diese schicksalhafte Verbindung wird zunehmend auch von Kreisen des Landschafts- und Heimatschutzes anerkannt. So schreibt Grosjean[3] u.a. "... es wäre deshalb eine Utopie, unsere Behörden

---

1) Vgl. dazu auch: Kaspar C., Funktionen und betriebswirtschaftliche Problematik der Seilbahnen aus wissenschaftlicher Sicht, Referat gehalten am 16. Mai 1974 in Badgastein, anlässlich der österreichischen verkehrswissenschaftlichen Tagung.

2) Wir verzichten an dieser Stelle bewusst auf die Darstellung der gesamtwirtschaftlichen Bedeutung des Fremdenverkehrs in der Schweiz (Auslandverflochtenheit usw.).

3) Grosjean G., Seilbahnbau und Fremdenverkehrserschliessung unter dem Aspekt räumlicher Ausscheidung, in: Heimatschutz, 62. Jahrgang Nr. 4, Dezember 1967, Seite 102 ff.

dahin bringen zu wollen, überhaupt auf den internationalen Grossfremdenverkehr mit Seilbahnen und Flugzeugen, mondänen Attraktionen, Gipfelhotels und dergleichen zu verzichten...".

Es ist unbestritten, dass die Existenz touristischer Transportanlagen eine Grundvoraussetzung schlechthin für die Existenz unserer Berggebiete bildet.

Um die Funktion der touristischen Spezialverkehrsmittel innerhalb des touristischen Gesamtangebotes eines Ortes bzw. einer Region näher umschreiben zu können, müssen wir vorerst das abgeleitete touristische Angebot nach den einzelnen Basisfunktionen (im weitern auch Angebotselemente genannt) aufteilen[1].
Dabei unterscheiden wir folgende Komponenten:

- Beherbergung
- Verpflegung
- touristischer Transport
- Sport und Erholung am Ort
- Unterhaltung
- Tagung/Kongress

Diese touristischen Basisfunktionen oder abgeleiteten Angebotselemente werden im folgenden aufgeteilt in konstitutive und akzessorische, bezogen jeweils auf die Sommer- bzw. Wintersaison. Konstitutiv bedeutet hier, das Wesen einer Sache ausmachend, grundlegend bzw. bestimmend wirken. Im Gegensatz dazu kann akzessorisch wie folgt umschrieben werden: Weniger wichtig, hinzutretend.

---

1) Krippendorf J., Annasohn K., Schär U. und Bonorand M., Bildung von Realisierungseinheiten im Berggebiet aus touristischer Sicht, Zusatzgutachten zu den Leitlinien für die Berggebietsförderung (Arbeitsgruppe Stocker), Seite 613 ff.

Sommersaison: Das Hauptmotiv für Bergferien im Sommer liegt nicht schwergewichtig in einer sportlichen Betätigung, zu deren Ausübung touristische Transportanlagen ein grundsätzliches Erfordernis darstellen. Die Motive für Ferien im Sommer dürften vielschichtig sein, wobei die sportliche Betätigung zweifellos auch im Vordergrund steht. Neben dem Wandern handelt es sich aber fast ausschliesslich um Betätigungen, die dem Angebotselement "Sport und Erholung am Ort" zugerechnet werden können (Beispiele: Schwimmen, Tennis, Golf usw.). Die Benützung der touristischen Transportmittel im Sommertourismus erfolgt unregelmässig und ist in besonderem Masse wetterabhängig. Eine Erhebung von Pfund[1] hat ergeben, dass rund 70 % der von ihm Befragten in den Sommerferien touristische Transportmittel entbehren können. Obschon das Transportangebot der touristischen Spezialverkehrsmittel in der Sommersaison gegenüber dem Winter kaum eingeschränkt wird, ist die Nachfrage nach diesen Leistungen bedeutend kleiner, wie die folgenden Zahlen klar beweisen. Kommentar zu Tabelle 2: (siehe Seite 33).

- Lediglich 32 % der insgesamt 70,3 Mio durch Seil- und Zahnradbahnen beförderte Personen entfallen auf die Sommersaison.
- Die Betrachtung nach einzelnen Bahntypen zeigt, dass sowohl die Standseil- als auch die Zahnradbahnen ihre Frequenzen zu je rund 50 % aus dem Sommer- und aus dem Wintertourismus erzielen. Im Vergleich zu den Luftseilbahnen bewegen sie sich jedoch in absoluten Zahlen auf einem weit tieferen Niveau mit zusammen 16,6 Mio Frequenzen, was 23 % sämtlicher beförderter Personen entspricht.
- 73 von 100 im Jahre 1972 von Luftseilbahnen beförderten Personen (39 Mio von rund 54 Mio) sind in der frequenzmässig

---

1) Pfund C., rechtliche und wirtschaftliche Probleme der touristischen Spezialverkehrsmittel, a.a.O., Seite 119.

Tabelle 2: Beförderte Personen der Seil- und Zahnradbahnen 1972 in der Schweiz, aufgeteilt nach Sommer- und Wintersaison

Seil- und Zahnrad-bahnen	Beförderte Personen 1972					
	Sommer		Winter		ganzes Jahr	
	absolut in Mio.	in %	absolut in Mio.	in %	absolut in Mio.	in %
Luftseil-bahnen	14,3	27	39,4	73	53,7	100
Standseil-bahnen	4,5	47	5,0	53	9,5	100
Zahnrad-bahnen	3,4	48	3,7	52	7,1	100
alle Bahnen	22,2	32	48,1	68	70,3	100

Quelle: Schweizerische Verkehrsstatistik.

augenfällig dominierenden Wintersaison transportiert worden.

Aus den soeben gemachten Ausführungen geht hervor, dass die touristischen Spezialverkehrsmittel für den Sommertourismus keinen konstitutiven Charakter aufweisen, dass also ihr Vorhandensein nicht eine Grundvoraussetzung schlechthin für den Sommertourismus darstellt. Neben dem ursprünglichen, natürlichen Angebot kann u.E. lediglich die Basisfunktion Beherbergung und Verpflegung im Sommer als konstitutiv bezeichnet werden, alle übrigen Angebotselemente sind dem akzessorischen Bereiche zuzuordnen. Diese tragen jedoch nicht unwesentlich zur qualitativen und quantitativen Verbesserung des Dienstleistungsangebotes eines Kurortes bei.

Wintersaison: Die angebots- und nachfrageseitige Bedeutung der touristischen Spezialverkehrsmittel für den Wintertourismus ist oben eindrücklich nachgewiesen worden. Die Befragung von Pfund[1] hat bezüglich des Wintertourismus ergeben, dass 80 % der Befragten während ihrer Winterferien nicht auf die Leistungen der touristischen Spezialverkehrsmittel zu verzichten bereit sind. Der Skisport kann somit als dominierendes Motiv für die Winterferien bezeichnet werden. Ohne das Vorhandensein von touristischen Spezialverkehrsmitteln wäre demnach die Existenz unserer Wintersportorte grundsätzlich in Frage gestellt, denn die Sommersaison dürfte in der Regel keine ausreichende Auslastung gewährleisten. Im Gegensatz zum Sommertourismus erachten wir die touristischen Spezialverkehrsmittel aus obigen Erwägungen für den Wintertourismus zusammen mit Beherbergung und Verpflegung als konstitutives Angebotselement. Betreffend der übrigen Angebotselemente gelten sinngemäss die Ausführungen zur Sommersaison.

Unsere Einstufung der touristischen Spezialverkehrsmittel als konstitutives Angebotselement zieht die bereits im voranstehenden Abschnitt aufgeworfene Frage nach sich, ob ein solches Element für sich allein eine Rentabilität abwerfen muss oder ob es - gerade wegen seiner konstitutiven Wirkung - nicht vermehrt im Rahmen der Rentabilität des Gesamtangebotes, d.h. des Kurortes bzw. der touristischen Region, betrachtet werden muss. Bumann[2] schreibt dazu: "Wenn es darauf ankommt, einem bestehenden Fremdenplatz Aufschwung zu geben, oder ihn gar zu retten, dann erscheint es gerechtfertigt, eine Bergbahn ohne direkten Reingewinn, ohne Ausschüttung einer direkten Dividende zu bauen

1) Pfund C., rechtliche und wirtschaftliche Probleme der touristischen Spezialverkehrsmittel, a.a.O., Seite 119.

2) Bumann H., a.a.O., Seite 3.

und zu betreiben. Die Sekundär-Rendite andererseits muss aber garantiert sein. Bei den neuesten Kurortsschöpfungen, wo Appartementhäuser, Hotels, Sportanlagen aus dem Boden gestampft werden und für welche eine und dieselbe Finanzgesellschaft verantwortlich ist, kann der eine oder andere Teil des Unternehmens, vielfach die Bergbahnen, zugunsten des ganzen ohne weiteres negativ sein, wenn die sekundäre Rendite garantiert ist."
Wir werden in einem späteren Abschnitt aufzeigen, welche Bedingungen erfüllt sein müssen, damit auf eine einzelunternehmerische betriebswirtschaftliche Rentabilität verzichtet werden kann. Es darf hier jedoch nicht den Anschein erwecken, als wolle man eine uneingeschränkte Ausdehnung des touristischen Transportangebotes geradezu propagieren.

3. LAGEANALYSE DER TOURISTISCHEN SPEZIALVERKEHRSMITTEL

3.1 Allgemeines

Die vorliegende Untersuchung erstreckt sich über den Zeitraum 1960-1972[1)], d.h. der Periode des stärksten Baubooms touristischer Spezialverkehrsmittel. Die neuesten uns im Zeitpunkt der Erstellung dieser Arbeit zur Verfügung stehenden Zahlen datieren vom Jahre 1972. Sie sind der Schweizerischen Verkehrsstatistik entnommen. Im Einvernehmen mit dem Eidg. Amt für Verkehr ist das Zahlenmaterial nach Regionen aufgearbeitet worden (vgl. unten). Eine allfällige Beschränkung der Analyse auf gesamtschweizerische Werte hätte wohl zu einigen globalen Schlussfolgerungen geführt, wäre jedoch ungeeignet gewesen, um die regionsspezifischen strukturellen Besonderheiten zum Ausdruck zu bringen.

Regionen:

- Jura (J)
- Waadt/Fribourg (W/F)
- Wallis (W)
- Berner Oberland (BO)
- Zentralschweiz (Z)
- Tessin (TI)
- Ostschweiz (O)
- Graubünden (GB)

In Ergänzung unserer Ausführungen betreffend relevanter Nachfrage- und Angebotsdaten (vgl. dazu Seite 24) sei folgendes

---

1) Aus arbeitstechnischen Gründen wurde der Zeitraum zwischen 1961 und 1965 nicht ausgewertet.

festgehalten: In einem ersten Abschnitt (3.2) wird die Entwicklung der beförderten Personen analysiert. Im Anschluss daran (3.3) gilt es, das Transportvermögen, als wichtigste angebotsseitige Komponente der Betriebs- und Verkehrsleistungen[1] zu untersuchen. Eine erste kritische Würdigung der Angebots- und Nachfrageentwicklung erfolgt durch die Gegenüberstellung der beförderten Personen mit dem Transportvermögen (vgl. dazu 3.4 und 3.5). Die weiteren Abschnitte (3.6 bis 3.8) sind der "Finanzanalyse" gewidmet und umfassen die Betriebsrechnung (Aufwand und Ertrag), die Gewinn- und Verlustrechnung (Aktiv- und Passivsaldo) und die Bilanz (v.a. Verhältnis zwischen Grundkapital und festen Verbindlichkeiten).

3.2 Beförderte Personen

3.21 Luftseilbahnen

Die von den Luftseilbahnen in der Schweiz beförderten Personen verzeichnen eine auffallend starke Zunahme von rund 15,3 Mio im Jahre 1960 auf rund 53,8 Mio im Jahre 1972 (vgl. Tabelle 3). Die absolute Zunahme von 38 Mio Frequenzen verteilt sich dabei schwergewichtig auf die Wintersaison (29,7 Mio). Im Gegensatz zu 1960 sind die regionalen Unterschiede beförderter Personen im Jahre 1972 sowohl in der Sommer- als auch in der Wintersaison sehr hoch. Mit einem Total von 16,4 Mio Frequenzen (davon Winter: 12,9 Mio) liegt die Region Wallis im Jahre 1972 in der Schweiz an erster Stelle, gefolgt von den Regionen Graubünden (11,7 Mio) und Berner Oberland (9,4 Mio).

---

1) In der Verkehrsstatistik sind zusätzlich die folgenden Angaben enthalten: Jahr der Betriebsöffnung, Höhe der Tal- und Bergstation, Neigung der Bahn, Fahrgeschwindigkeit, Betriebstage.

Tabelle 3: Mit Luftseilbahnen beförderte Personen 1972, verglichen mit 1960, unterteilt nach Regionen und Saison[1)]

Regionen	Beförderte Personen in 1'000								
	1960			1972			Differenz 1960/1972		
	Sommer	Winter	Total	Sommer	Winter	Total	Sommer	Winter	Total
Jura	216	153	369	265	247	512	+ 49	+ 94	+ 143
Waadt/ Fribourg	243	1039	1282	561	1907	2468	+ 318	+ 868	+ 1186
Wallis	887	1762	2649	3478	12893	16371	+ 2591	+11131	+13722
Berner Oberland	1615	1441	3056	3231	6136	9367	+ 1616	+ 4695	+ 6311
Zentral-schweiz	989	1347	2336	2973	4335	7308	+ 1984	+ 2988	+ 4972
Tessin	215	68	283	278	554	832	+ 63	+ 486	+ 549
Ost-schweiz	696	1497	2193	1612	3560	5172	+ 916	+ 2063	+ 2979
Grau-bünden	699	2420	3119	1948	9789	11737	+ 1249	+ 7369	+ 8618
Total	5560	9727	15287	14346	39421	53767	+ 8786	+29694	+38480

1) Zahlen gerundet

Quelle: Eigene unveröffentlichte Berechnungen aufgrund der Schweizerischen Verkehrsstatistik

Mehr als die Hälfte der Winterfrequenzen 1972[1)] sind von den Luftseilbahnen der Regionen Wallis und Graubünden erzielt worden. Werden die beiden Regionen Berner Oberland und Zentral-

1) Die Wintersaison, wie sie von der Eidg. Verkehrsstatistik ausgewiesen wird, ist nicht vergleichbar mit der Abgrenzung der Fremdenverkehrsstatistik, da sie auf das Kalenderjahr bezogen wird. Mit andern Worten: Die Wintersaison der Verkehrsstatistik 1972 umfasst die Monate Januar, Februar, März, April sowie November und Dezember des Jahres 1972, ohne dass die monatlichen Ergebnisse ausgewiesen werden (Wintersaison 1971/72 der Eidg. Fremdenverkehrsstatistik: November, Dezember 1971 und Januar - April 1972).

schweiz mit einbezogen, so erhöht sich der Anteil auf 33 Mio oder 85 % der insgesamt 39,4 Mio im Winter beförderten Personen. Wie aus der saisonalen Betrachtung ferner hervorgeht, verteilt sich die Gesamtzunahme (Sommer- und Wintersaison zusammen) der beförderten Personen (38,5 Mio) schwergewichtig auf die Regionen Wallis, Graubünden, Berner Oberland und Zentralschweiz (zusammen rund 33,5 Mio).

Der absoluten Frequenzentwicklung kann entnommen werden, dass sich die Marktanteile der einzelnen Regionen seit 1960 zum Teil stark verändert haben (vgl. dazu: Anhang, Grafik a). Mangels aussagekräftiger Beurteilungskriterien verzichten wir an dieser Stelle bewusst auf eine eingehende Würdigung der relativen regionalen Anteile beförderter Personen.

3.22 Standseilbahnen

Die Anzahl der von Standseilbahnen beförderten Personen ist - wie aus Tabelle 4 (Seite 41) ersichtlich - von rund 8 Mio im Jahre 1960 auf rund 9,5 Mio im Jahre 1972 angestiegen, woraus lediglich eine Zunahme von 1,5 Mio oder rund 20 % resultiert (Luftseilbahnen: + 250 %). Die Frequenzen verteilen sich gesamtschweizerisch in allen von uns betrachteten Jahren zu ungefähr gleichen Teilen auf die Winter- und Sommersaison. Regional sind jedoch z.T. starke saisonale Schwerpunkte feststellbar (insbesondere: Regionen Berner Oberland im Sommer, Graubünden im Winter).

Rund 7,4 Mio oder 65 % aller in der Schweiz beförderten Personen entfallen auf Standseilbahnen der Regionen Berner Oberland, Zentralschweiz und Graubünden.

Tabelle 4: Mit Standseilbahnen beförderte Personen 1972, verglichen mit 1960, unterteilt nach Regionen und Saison[1)]

Regionen	Beförderte Personen in 1'000								
	1960			1972			Differenz 1960/1972		
	Sommer	Winter	Total	Sommer	Winter	Total	Sommer	Winter	Total
Jura	343	252	595	276	181	457	- 67	- 71	- 138
Waadt/ Fribourg	447	374	821	351	365	716	- 96	- 9	- 105
Wallis	107	107	214	94	100	194	- 13	- 7	- 20
Berner Oberland	900	338	1238	1132	536	1668	+ 232	+ 198	+ 430
Zentral-schweiz	931	632	1563	1037	1025	2062	+ 106	+ 393	+ 499
Tessin	1056	391	1447	857	289	1146	- 199	- 102	- 301
Ost-schweiz	217	238	455	244	319	563	+ 27	+ 81	+ 108
Grau-bünden	284	1408	1692	512	2229	2741	+ 228	+ 821	+1049
Schweiz	4285	3740	8025	4503	5044	9547	+ 218	+ 1304	+1522

1) Zahlen gerundet

Quelle: Eigene unveröffentlichte Berechnungen aufgrund der Schweizerischen Verkehrsstatistik

Vier Regionen (Jura, Waadt/Fribourg, Wallis und Tessin) weisen bei leicht erhöhtem Transportangebot im Jahre 1972 sowohl im Sommer als auch im Winter weniger Frequenzen auf als im Jahre 1960. Diese erstaunlichen Einbussen betragen insgesamt: Im Sommer 370'000 Beförderungen, im Winter 189'000 Beförderungen.

Die bescheidene Gesamtzunahme der Frequenzen von 1,5 Mio ist grösstenteils der Wintersaison zuzuschreiben (und hier vor allem den Regionen Graubünden und Zentralschweiz), wodurch unsere im Zusammenhang mit den Luftseilbahnen gemachten Ausführungen betreffend Dominanz der Wintersaison auch für die Standseilbahnen in vollem Ausmasse zutreffen. Betreffend der relativen regionalen Anteile beförderter Personen (vgl. Anhang Grafik b) gilt hier sinngemäss das im voranstehenden Kapitel Gesagte.

3.23 Zahnradbahnen

In der Schweiz bestehen im Jahre 1972 12 Zahnradbahnen, die sich auf 6 Regionen verteilen (Jura und Graubünden weisen keine Zahnradbahnen auf). Angesichts der kleinen Anzahl dieser Bahnen und der Tatsache, dass die Regionen Wallis, Tessin und Ostschweiz nur über je eine Anlage verfügen, verzichten wir auf eine detaillierte regionale Analyse. Gleichwohl möchten wir betonen, dass auch den Zahnradbahnen aus dem Gesichtspunkt der touristischen Spezialverkehrsmittel zweifellos eine nicht zu unterschätzende Bedeutung zukommt. Einerseits handelt es sich um bekannte Ausflugsbahnen (Beispiele: Pilatus-Bahn, Arth-Rigi, Schynige Platte-Bahn, Brienzer-Rothorn usw.), während sie andererseits grosse Skigebiete erschliessen (Beispiele: Gornergratbahn, Wengernalpbahn, Jungfraubahn). Im Jahre 1972 haben die Zahnradbahnen in der Schweiz 7,1 Mio Personen befördert, 2,7 Mio mehr als 1960. Die saisonalen Anteile der erzielten Frequenzen haben sich seit 1960 nicht spürbar verändert und betragen wie bei den Standseilbahnen je rund 50 %[1].

3.3 Transportvermögen

Unsere nachfolgende Analyse müssen wir auf die Struktur und Entwicklung des Transportvermögens der Luftseilbahnen (unterteilt in Pendel- und Umlaufbahnen) und Standseilbahnen beschränken, da, wie bereits in der Einleitung erwähnt, keine entspre-

---

1) vgl. dazu: Schweizerische Verkehrsstatistik, a.a.O.

chenden Daten für die Zahnradbahnen zur Verfügung stehen. Unter Transportvermögen verstehen wir hier diejenige Anzahl Personen, welche von einer Anlage in einer Stunde in einer Richtung befördert werden können. Die Analyse des Transportvermögens ermöglicht u.a. den Vergleich mit der Entwicklung der beförderten Personen (vgl. 3.4) und bildet zugleich die Grundlage zur Berechnung der Auslastung der touristischen Spezialverkehrsmittel (vgl. 3.5).

3.31 Luftseilbahnen

Das Transportvermögen der Luftseilbahnen hat von rund 37'500 Personen je Stunde im Jahre 1960 auf über 152'000 Personen im Jahre 1972 zugenommen. Insbesondere in der zweiten Hälfte unseres Vergleichszeitraumes, d.h. zwischen 1967 und 1972 ist ein stark beschleunigtes Wachstum im Angebot von Transportkapazitäten festzustellen. Von verschiedenen Seiten wurde bereits im Jahre 1967 die Ansicht geäussert, dass der stärkste Bauboom bereits überschritten sei[1]. Grosse finanzielle Enttäuschungen insbesondere bei den Gebirgsbahnen würden investitionsfreudige Geldgeber zur Vorsicht mahnen. Schon die Rentabilitäts- und Machtverhältnisse würden dafür sorgen, dass Bahnen nicht mehr im gleichen Ausmasse entstünden. Im Gegensatz zu diesen Erwartungen ist seit 1967 ein noch ausgeprägteres Wachstum eingetreten als in den vorangehenden Jahren[2]. Das Transportvermögen hat sich in 5 Jahren (1967-1972) von 88'000 auf 152'000 Personen erhöht, also beinahe verdoppelt. Die Mehrheit dieser neu-

---

1) Risch P., Bergbahnen, Heimatschutz und Fremdenverkehr, in: Heimatschutz, Zeitschrift der Schweizerischen Vereinigung für Heimatschutz, 62. Jahrgang Nr. 4, Dezember 1967, Seite 122 f.

2) Schweizerische Verkehrsstatistik, a.a.O.

Tabelle 5: Transportvermögen der Pendel- und Umlaufbahnen 1960/1972

Regionen	Transportvermögen, Personen je Stunde										Zunahme des Transportvermögens seit 1960 in %
		Kapazitätsveränderung Pendelbahnen[1]				Kapazitätsveränderung Umlaufbahnen[2]					
	Kapazität 1960 (Pendel- + Umlaufbahnen)	Bestehende Anlagen: Zunahme	Bestehende Anlagen: Betrieb eingestellt	neue Anlagen	Total	Bestehende Anlagen: Zunahme	Bestehende Anlagen: Betrieb eingestellt	neue Anlagen	Total	Kapazität 1972 (Pendel- + Umlaufbahnen)	
	(1)	(2)	(3)	(4)	(5)	(6)	(7)	(8)	(9)	(10)=(1)+(5)+(9)	(11)
Jura	2040	-	-	-	-	90	- 330	1000	790	2830	39 %
Waadt/ Fribourg	3360	-	-	1620	1620	575	- 315	6380	6640	11620	246 %
Wallis	7760	615	-	9105	9720	3235	-	24870	28105	45585	487 %
Berner Oberland	6750	100	-	6005	6105	2225	-	10605	12830	25685	281 %
Zentral-schweiz	4390	590	-	5735	6325	1112	-	2790	3902	14617	233 %
Tessin	1020	-	-	187	187	-	-	4520	4520	5727	461 %
Ostschweiz	5070	280	-	1360	1640	2408	-	7056	9464	16174	208 %
Graubünden	7120	672	-	6770	7442	870	-	15025	15895	30457	339 %
Schweiz	37510	2257	-	30782	33039	10515	- 615	72246	82146	152695	307 %
					(5)+(9) = 115185						

1) nur 2 Kabinen im Pendelbetrieb
2) Umlaufkabinen, Umlaufsessel

Quelle: Eigene Berechnungen aufgrund der Schweizerischen Verkehrsstatistik.

erstellten Anlagen ist in den Regionen Wallis und Graubünden domiliziert und führt nahe an das Hochgebirge heran. Die Bergstation ist in den meisten Fällen rund 400 bis 800 m oberhalb der Waldgrenze gelegen. Die Vermutung, wonach ungünstige Rentabilitätsverhältnisse bei einer Vielzahl von Anlagen eine gewisse Dämpfung der Investitionsfreudigkeit bewirken könnten, hat sich in vielen Fällen leider als unzutreffend erwiesen, die rechtzeitig mahnenden Stimmen wurden nicht erhört.

Bevor wir kurz auf die relativen Anteile des Transportvermögens der Luftseilbahnen nach Regionen in den Jahren 1960 und 1972 eingehen (Grafik 1) sei anhand von Tabelle 5 die regionale Aufteilung der Kapazitätsveränderung bei den Luftseilbahnen nach Pendelbahnen und Umlaufbahnen (Kabinenbahnen und Sessellifte) vorgenommen. Kommentar zu Tabelle 5 (siehe Seite 44):

- Die Kapazitätszunahme der Pendelbahnen resultiert grösstenteils aus der Erstellung neuer Anlagen (Steigerung des Transportvermögens um rund 31'000 Personen je Stunde), wogegen die Kapazität der bestehenden Anlagen nur unwesentlich gesteigert werden konnte, nämlich um rund 2'200 Einheiten.

- Die Zunahme des Transportvermögens der Pendelbahnen entfällt praktisch ausschliesslich auf die Regionen Wallis, Berner Oberland, Zentralschweiz und Graubünden mit rund 29'000 oder über 90 % der Gesamtzunahme.

- Die Kapazitätssteigerung der Umlaufbahnen beträgt im Betrachtungszeitraum über 80'000 Personen je Stunde (rund dreimal mehr als bei den Pendelbahnen). Die Aufteilung dieser Zunahme nach bestehenden Anlagen einerseits und neuerstellten Anlagen andererseits zeigt, dass analog zu den Pendelbahnen auch hier der überwiegende Anteil des gesteigerten Transportvermögens durch neue Anlagen bewirkt worden ist, nämlich

72'000 Personen je Stunde gegenüber 10'500 bei bestehenden Anlagen.

- Die regionale Aufteilung der Kapazitätssteigerungen der Umlaufbahnen zeigt ein gleichmässigeres Bild als bei den Pendelbahnen. Neben den Regionen Wallis, Graubünden, Berner Oberland und Ostschweiz fällt hier auch die Region Waadt/ Fribourg ins Gewicht. Die soeben genannten 5 Regionen weisen zusammen Kapazitätserhöhungen von rund 75'000 Personen je Stunde oder 90 % der gesamten Steigerung des Transportvermögens aus.

Zur Verdeutlichung der oben skizzierten Kapazitätssteigerungen der Luftseilbahnen (Pendel- und Umlaufbahnen zusammen) ist in Grafik 1 (Seite 47) die prozentuale Verteilung des Transportvermögens auf die einzelnen Regionen 1972, verglichen mit 1960, dargestellt. Wir halten diesbezüglich lediglich fest, dass die Konzentration des Transportangebotes auf die Regionen Wallis, Berner Oberland und Graubünden im Jahre 1972 noch augenfälliger in Erscheinung tritt (67 %) als im Jahre 1960 (57 %).

3.32 Standseilbahnen

Das Transportvermögen der Standseilbahnen hat von 20'500 Personen je Stunde im Jahre 1960 auf 25'000 Personen je Stunde im Jahre 1972 zugenommen. Diese qualitativ bescheidene Angebotsausdehnung von rund 4'500 Personen je Stunde ergibt ein Wachstum von weniger als 400 Einheiten pro Jahr. Dem Transportvermögen der Standseilbahnen kommt in quantitativer Hinsicht im Vergleich zu demjenigen der Luftseilbahnen eine untergeordnete Bedeutung zu. Deshalb können wir uns hier auf einige - uns jedoch dennoch wesentlich erscheinende - Besonderheiten im Transportangebot beschränken. Die Gegenüberstellung des

Grafik 1: Transportvermögen der Luftseilbahnen 1960 und 1972; relative Anteile der Regionen

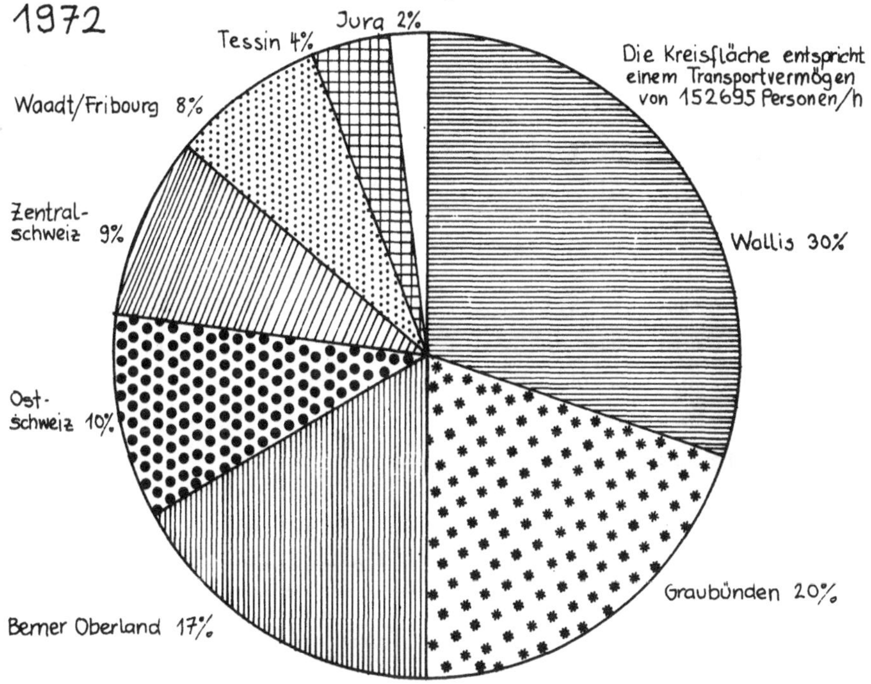

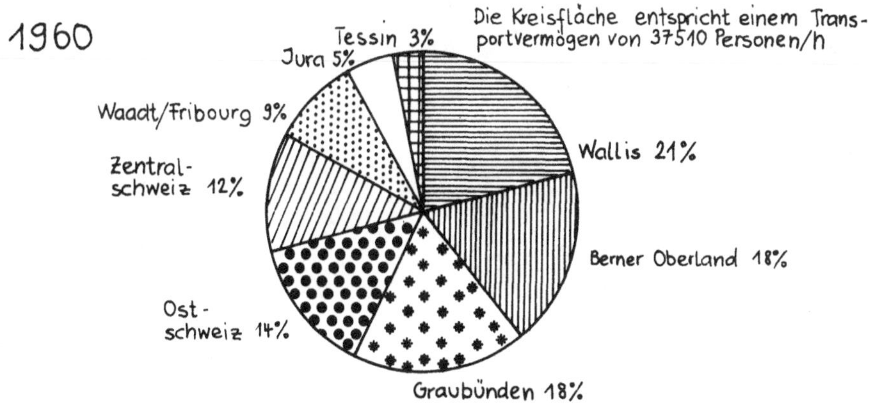

Quelle: Eigene unveröffentlichte Berechnungen aufgrund der Schweizerischen Verkehrsstatistik

Transportvermögens der Jahre 1960 und 1972 nach Regionen (vgl. Tabelle 6) zeigt, dass die Kapazitätszunahme ausschliesslich auf die Steigerung der Förderleistung bei bestehenden Anlagen zurückzuführen ist. Seit dem Jahre 1960 wurde demnach keine neue Anlage erstellt (Kostengründe, Probleme der Trasseeführung usw.). Die Kapazitätszunahme verteilt sich zur Hauptsache auf die drei Regionen Berner Oberland, Zentralschweiz und Graubünden, deren Standseilbahnen zusammen mehr als 3'300 Einheiten oder 75 % des zusätzlichen Transportvermögens von 4'500 Einheiten anbieten. Die stündliche Förderleistung der Standseilbahnen dieser drei Regionen beträgt 17'000 von gesamtschweizerisch 25'000 Personen, woraus die angebotsseitige Konzentration dieser Transportmittel auf einige wenige Regionen nachhaltig unterstrichen ist.

Tabelle 6: Transportvermögen der Standseilbahnen 1960/1972

Regionen	Transportvermögen, Personen pro Stunde						Zu-/Abnahme des Transportvermögens seit 1960 in %
		Kapazitätsveränderung					
	Kapazität 1960	Bestehende Anlagen: Zu-/Abnahme	Bestehende Anlagen: Betrieb eingestellt	neue Anlagen	Total	Kapazität 1972	
	(1)	(2)	(3)	(4)	(5)	(6)=(1)+(5)	(7)
Jura	2054	- 160	-	-	- 160	1894	- 8
Waadt/ Fribourg	1391	+ 59	-	-	+ 59	1450	+ 4
Wallis	624	-	-	-	-	624	± 0
Berner Oberland	3876	+ 1067	-	-	+ 1067	4943	+ 28
Zentralschweiz	4780	+ 990	-	-	+ 990	5770	+ 21
Tessin	2205	+ 730	-	-	+ 730	2935	+ 33
Ostschweiz	900	+ 710	- 140	-	+ 570	1470	+ 63
Graubünden	4703	+ 1272	-	-	+ 1272	5975	+ 27
Schweiz	20533	+ 4668	- 140	-	+ 4528	25061	+ 22

Quelle: Eigene unveröffentlichte Berechnungen aufgrund der Schweizerischen Verkehrsstatistik

3.4 Gegenüberstellung der Anzahl beförderter Personen mit dem Transportvermögen bei Luftseilbahnen

Im folgenden wird die regionale Entwicklung der beförderten Personen einerseits und diejenige des Transportvermögens andererseits in einer grafischen Darstellung aufgezeigt (vgl. Grafik 2). Aufgrund von Indexreihen - einzige Möglichkeit für einen Nachfrage-/Angebotsvergleich - kann das Wachstum dieser beiden Grössen innerregional verglichen werden. Es geht im wesentlichen um die Frage, ob und inwieweit das stark erhöhte Transportangebot der Luftseilbahnen seinen "Niederschlag" in der Anzahl beförderter Personen gefunden hat. Dies geht direkt aus den entsprechenden Kurvenverläufen der Grafik hervor. Während in einigen Regionen (Wallis, Berner Oberland, Zentralschweiz und Graubünden) die Nachfrage- und Angebotssteigerungen parallel verlaufen sind, was positiv zu beurteilen ist, geben die Kurvenverläufe insbesondere in der Region Waadt/Fribourg zu berechtigter Besorgnis Anlass. Der kontinuierlichen Ausdehnung der Transportkapazitäten steht keine entsprechende Nachfrageentwicklung gegenüber. Die Anzahl beförderter Personen liegt im Jahre 1972 sogar leicht unter dem Wert von 1965, was zahlreiche Unternehmen finanzwirtschaftlich in eine unerfreuliche Lage (sinkende durchschnittliche Jahresfrequenzen) gebracht hat[1].

Die gesamtschweizerische Entwicklung, wie sie in Grafik 3, S. 51 aufgezeichnet ist, dürfte die allgemeine Situation im Jahre 1972 klar zum Ausdruck bringen. Die Zunahme des Transportvermögens und der beförderten Personen ist in den Jahren 1960 bis 1969, wie aus den Indexkurven hervorgeht, ungefähr im gleichen Ausmasse erfolgt. Hernach ist eine weitgehend lineare, über-

1) vgl. dazu 3.7: Gewinn- und Verlustrechnung

Grafik 2: Luftseilbahnen, Transportvermögen und beförderte Personen 1960 und 1965-1972 nach Regionen; Indexzahlen

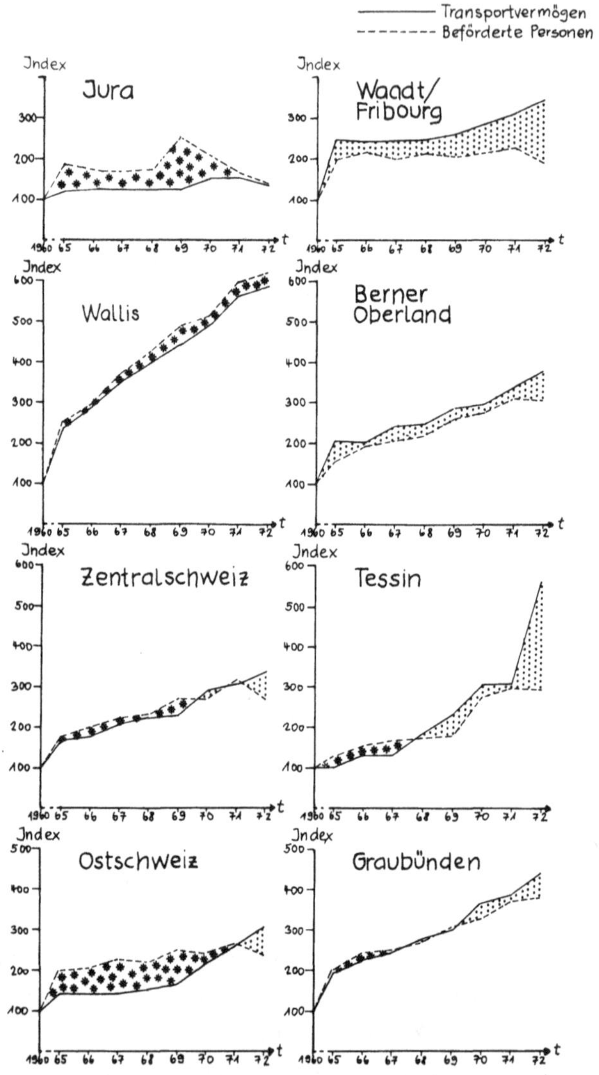

Quelle: Eigene unveröffentlichte Berechnungen aufgrund der Schweizerischen Verkehrsstatistik

Grafik 3: Luftseilbahnen, Transportvermögen und beförderte Personen 1960 und 1965-1972 in der Schweiz; Indexzahlen

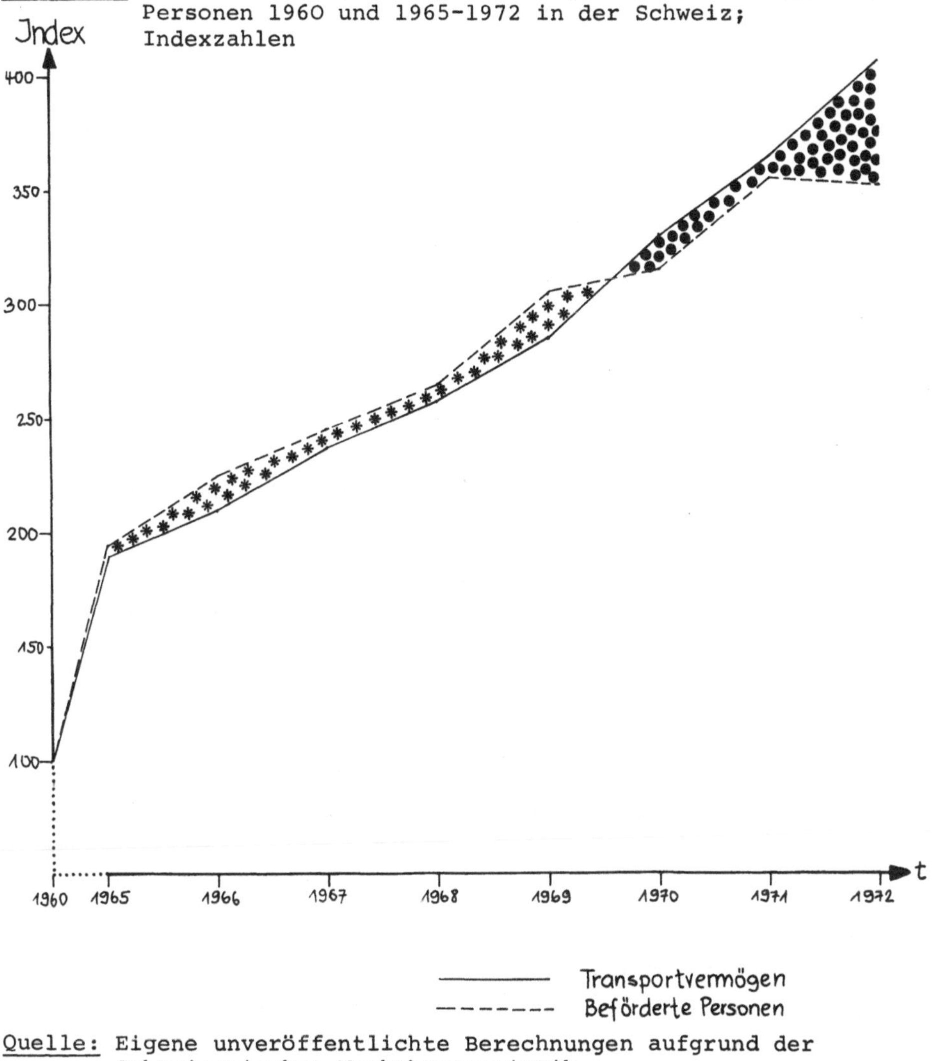

Quelle: Eigene unveröffentlichte Berechnungen aufgrund der Schweizerischen Verkehrsstatistik

proportionale Entwicklung des Transportvermögens festzustellen, dem eine abgeschwächtere Zunahme der beförderten Personen gegenübersteht. Seit dem Jahre 1969 entwickelt sich das Angebot zusehends schneller, wogegen sich die Nachfragesteigerung abschwächt und im Jahre 1972, im Vergleich zum Vorjahr, sogar eine absolute Einbusse aufweist. Bereits diese unterschiedliche angebots- und nachfrageseitige Entwicklung sollte u.E. alle im Sektor der touristischen Spezialverkehrsmittel Beteiligten, d.h. Unternehmer, Initianten, Projektverfasser und Konzessionsbehörde zum Aufsehen mahnen und in der Beurteilung neuer Projekte vorsichtig und zurückhaltend werden lassen. Falls der Bauboom von Luftseilbahnen in dem hier aufgezeigten Ausmasse weitergehen sollte, die Nachfrage jedoch diese Steigerungen nicht mitzumachen vermag, wird eine immer grösser werdende Ueberkapazität produziert, und vermutlich die wirtschaftliche Existenz einer noch bedeutend grösseren Anzahl von Luftseilbahnunternehmen als im Jahre 1972 in Frage gestellt sein.

3.5 Auslastung der Luftseilbahnen

Die Konsequenzen, die sich u.a. aus den Indexentwicklungen des Transportangebotes einerseits und der beförderten Personen andererseits ergeben, finden ihren unmittelbaren Niederschlag in der Auslastung der Luftseilbahnunternehmen (Anzahl Stunden Vollauslastung). Die gegenseitige Beziehung zwischen beförderten Personen und Transportvermögen behandelt Pfund[1] unter dem Begriff der Nutzung[2]. Er unterscheidet dabei die folgenden Nutzungsbegriffe, auf die wir hier jedoch nicht näher eintreten wollen:

---

1) Pfund C., Rechtliche und wirtschaftliche Probleme der touristischen Spezialverkehrsmittel, a.a.O., Seite 169 ff.

2) Auslastung und Nutzung werden hier als synonyme Ausdrücke verwendet.

- Gesamtnutzungsgrad
  - Bahnnutzungsgrad
    - Platznutzungsgrad
    - Leistungsgrad
  - Zeitnutzungsgrad

Zur Berechnung des Gesamtnutzungsgrades sind nach Pfund die Jahresfrequenz, die Jahreskapazität, effektive Betriebsstunden und theoretisch mögliche Betriebsstunden zu berücksichtigen. Wir beschränken uns im folgenden auf eine Begriffsumschreibung, die dem Bahnnutzungsgrad von Pfund ähnlich ist. Der Autor definiert den Bahnnutzungsgrad wie folgt:

$$\text{Bahnnutzungsgrad} = \frac{\text{Jahresfrequenz} \cdot 100}{\text{Jahreskapazität}} = \text{........ \%}$$

Zur Berechnung der Jahreskapazität werden die effektiv ausgewiesenen Betriebsstunden herbeigezogen, wobei das Transportvermögen mit dem Faktor 2 (beide Richtungen) multipliziert wird. Dieser Berechnungsart können wir nur für die Sommersaison zustimmen, da im Winter die Fahrgäste in der Regel (falls man die Talstation mit den Skiern erreichen kann) nur die Bergfahrt zurücklegen.

Die in Grafik 4 abgebildete Auslastung der Luftseilbahnen errechnet sich nach folgender Formel:

$$V_h = \frac{\text{beförderte Personen pro Jahr}}{\text{Transportvermögen in einer Richtung je Stunde}}$$

Grafik 4: Luftseilbahnen, Anzahl Stunden Vollauslastung (V_h) 1960 und 1965-1972 nach Regionen

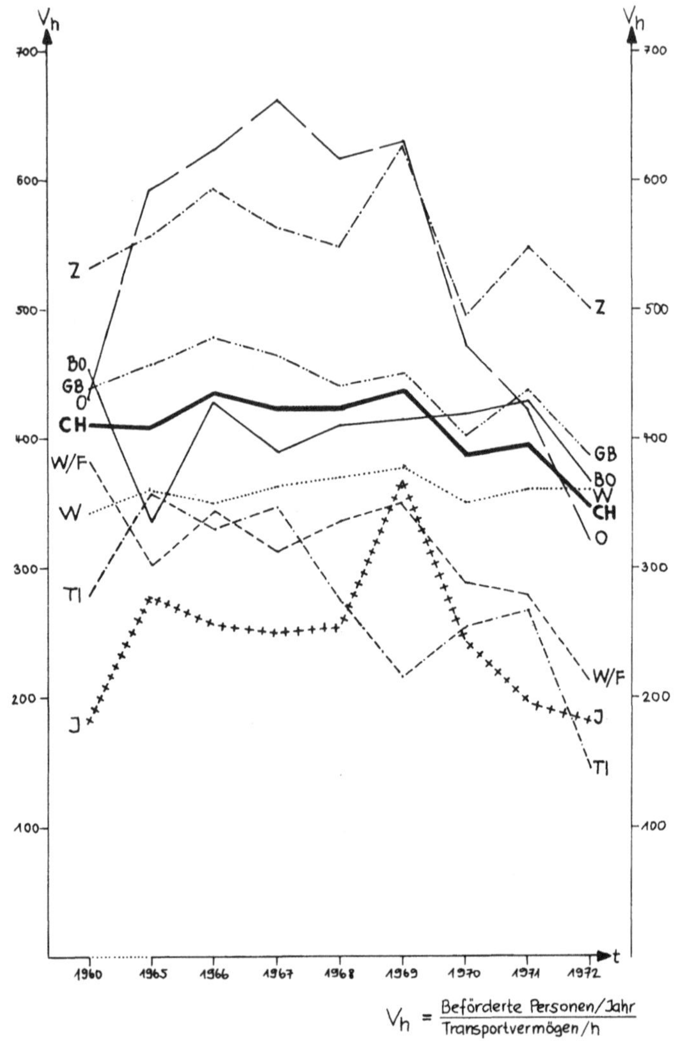

Quelle: Eigene unveröffentlichte Berechnungen aufgrund der Schweizerischen Verkehrsstatistik

Die Auslastung (Vollauslastung V_h) gemäss dieser Formel entspricht der "Nutzungsziffer", wie sie von Pfund[1)] definiert worden ist. V_h gibt die Anzahl Stunden an, während derer alle Anlagen einer Region voll ausgelastet sind. Wir stimmen mit Pfund überein, wenn er ausführt, dass dieser Wert wohl aussagekräftig ist für den Nutzungsvergleich zwischen einzelnen Betrieben, dass man sich aber in der Praxis darunter nicht besonders viel vorstellen kann. Unseres Erachtens ist zur Beurteilung der Auslastung nicht ausschliesslich die absolute Höhe dieser Ziffer massgebend, sondern einerseits die zeitpunktbezogenen regionalen Unterschiede in der Vollauslastung und andererseits deren zeitliche Entwicklung in den einzelnen Regionen. Aus Grafik 4 geht hervor, dass

- sowohl im Jahre 1960 als auch 1972 zwischen den verschiedenen Regionen grosse Unterschiede in der Anzahl Stunden Vollauslastung bestehen,
- die interregionalen Differenzen in der Anzahl Stunden Vollauslastung auffallend hoch sind. Während in der Zentralschweiz im Jahre 1960 alle Luftseilbahnen 532 Stunden voll ausgelastet waren, beträgt der entsprechende Wert beispielsweise in der Region Jura nur 181 Stunden. Diese regionalen Unterschiede nehmen im Jahre 1972 auf gesamthaft etwas tieferem Niveau das gleiche Ausmass an wie im Jahre 1960.

Die Auslastung bzw. Nutzung der Luftseilbahnen ist in den letzten Jahren, und dies insbesondere seit 1969, praktisch in allen Regionen stark zurückgegangen und mahnt - wie bereits an früherer Stelle lediglich in bezug auf die Frequenzen gefolgert werden konnte - zur Vorsicht bei der Erstellung neuer Anlagen.

---

1) Pfund C., ebenda, Seite 172.

3.6 Betriebsrechnung

Die Betriebsrechnung, die sich aus den beiden Komponenten Betriebsaufwand und -ertrag (vgl. Seite 57) zusammensetzt, ist das "finanzielle Spiegelbild" der Leistungserstellung, d.h. sie gibt Aufschluss über die direkt aus dem Angebot der Transportleistung resultierenden Aufwendungen und Erträge. Betreffend Bedeutung der einzelnen Komponenten verweisen wir auf den nachfolgenden Abschnitt.

3.61 Bedeutung von Betriebsaufwand und -ertrag

Die Uebersicht auf Seite 57 zeigt den Aufbau der Betriebsrechnung, deren Hauptkomponenten (Betriebsaufwand und -ertrag) sowohl bei den Zahnrad- als auch bei den Standseil- und Luftseilbahnen gleich unterteilt sind. Zu den einzelnen Komponenten:

- Betriebsaufwand

  . Personalaufwand: In dieser Rubrik sind Gehälter, Löhne und Zulagen des ständigen und Aushilfspersonals, Nebenbezüge, Dienstkleider und Sozialaufwand zusammengefasst[1].

  . Sachaufwand: In der Regel wird der Sachaufwand in die drei Rubriken allgemeine Aufwendungen (Verwaltungsbehörden, Steuern und Abgaben, Verkehrswerbung usw.), Bürobedarf und Verbrauchsstoffe/Energie für den Betrieb der Bahn aufgegliedert.

  . Ordentliche Abschreibungen: Als Berechnungsgrundlage dient der Baukontowert. Die Abschreibungssätze sind jedoch je

---

1) Vgl. dazu Eidgenössisches Amt für Verkehr, Anleitung zur Erstellung der Jahresrechnungen und Bilanzen der eidg. konzessionierten Luftseilbahnen (Pendel- und Umlaufbetrieb), gültig ab 1. Januar 1961.

Einzelne Komponenten der Betriebsrechnung

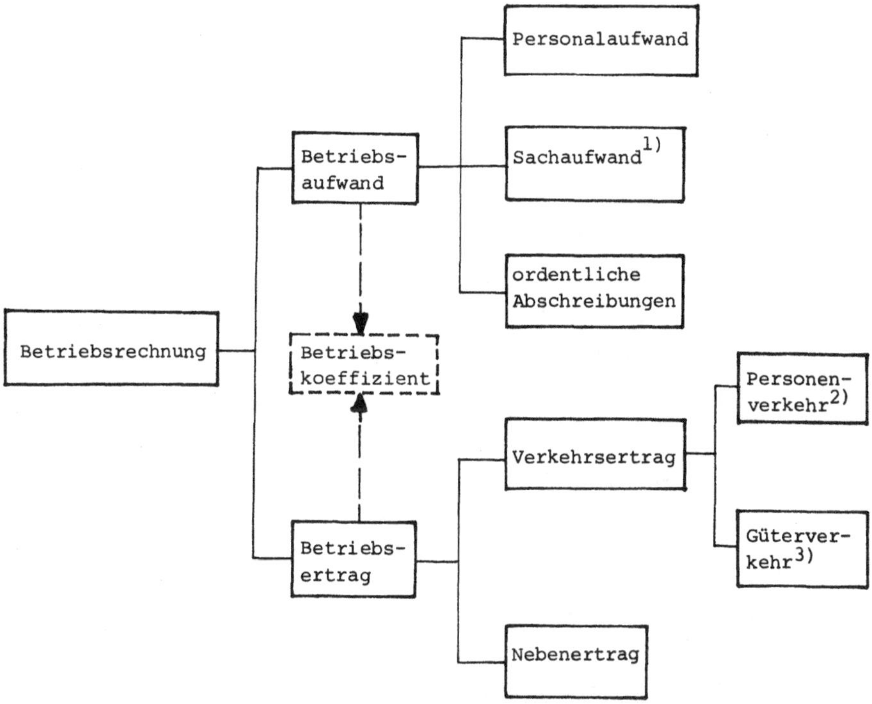

---

1) inkl. nicht aktivierbare Aufwendungen

2) aufgeteilt nach Sommer- und Winterverkehr

3) Gepäck-, Post-, Tier- und Güterverkehr

nach Bahntyp (Pendel-/Umlaufbahnen) und Anlageteil desselben unterschiedlich. Sie schwanken zwischen 2 % (allgemeine Kosten, Erwerb von Rechten, Unterbau) bis zu 25 % (Förderseile, Zugseile, Skibügel usw.).

- Betriebsertrag

  . Verkehrsertrag: Dieser setzt sich aus dem Personen- und Güterverkehr zusammen, wobei letzterer gesamtschweizerisch lediglich knapp 2 % des Verkehrsertrages ausmacht und somit vernachlässigt werden kann. Aus einzelbetrieblicher Sicht kommt dem Güterverkehr jedoch bei Ortszubringungsbahnen (Gamsen-Mund u.a.m.) zweifellos eine gewisse Bedeutung zu.

  . Im Gegensatz zum Betriebsaufwand ist der aus dem Personenverkehr resultierende Ertrag in der Verkehrsstatistik aufgeteilt nach Sommer- und Wintersaison.

  . Nebenertrag: Er umfasst vor allem die Rubriken Betriebsbesorgungen für andere Transportunternehmungen, Pacht und Miete von Gebäuden, Lokalen, Grundstücken usw., Lieferungen und Leistungen für Dritte. Der relative Anteil des Nebenertrages am gesamten Betriebsertrag der eidg. konzessionierten Luftseilbahnen im Jahre 1972 beträgt knapp 5 %.

Zur Beurteilung der wirtschaftlichen Lage touristischer Transportmittel genügt die Analyse der Betriebsrechnung kaum, da wesentliche Faktoren, wie z.B. der Zinsaufwand nicht berücksichtigt sind. Der Zinsaufwand (für feste und laufende Verbindlichkeiten) bildet Gegenstand der Gewinn- und Verlustrechnung. Ferner gilt es zu bedenken, dass bei einzelnen Unternehmen die Skilifte in die Betriebsrechnung miteinbezogen werden, wodurch der Unternehmungsvergleich in gewissem Ausmass verfälscht wird. Aus den soeben erwähnten Gründen darf die Aussagekraft der Betriebsrechnung nicht überschätzt werden. Aufwandseitig kann sie vor allem für die Erarbeitung der Erfolgsrechnung bei der Projektierung neuer Anlagen wertvolle Hinweise liefern. So sind beispielsweise, wie wir später aufzeigen werden, die prozentualen Anteile der einzelnen Aufwandkomponenten am gesamten Betriebsaufwand nicht beliebig veränderbar.

Das Verhältnis zwischen Betriebsaufwand und Betriebsertrag wird in der Schweizerischen Verkehrsstatistik als Betriebskoeffizient ausgewiesen. Er berechnet sich wie folgt:

$$\text{Betriebskoeffizient} = \frac{\text{Betriebsaufwand in Fr.}}{\text{Betriebsertrag in Fr.}} \times 100 = \ldots\ldots \%$$

Ein Wert unter 100 % besagt demnach, dass der Betriebsaufwand kleiner ist als der Betriebsertrag, wobei es hier verfehlt wäre, a priori von einer wirtschaftlich günstigen Situation zu sprechen, indem, wie bereits weiter oben ausgeführt, u.a. die Zinskosten noch nicht berücksichtigt worden sind. So ist es durchaus denkbar und kommt in der Praxis des öftern vor, dass Unternehmen mit einem Betriebskoeffizienten unter 100 % gleichwohl ein Defizit ausweisen. Der Problematik des Betriebskoeffizienten werden wir einen speziellen Abschnitt widmen (vgl. dazu 3.64), so dass wir hier auf weitere Ausführungen verzichten können.

3.62 Betriebsaufwand

3.621 Luftseilbahnen

Die Luftseilbahnen weisen im Jahre 1972 in der Schweiz gemäss Verkehrsstatistik folgende Beschäftigtenzahlen auf:

- Ständiges Personal	1'437
- Aushilfspersonal	703
- übrige Dienstzweige	916
Total	3'056

Die Luftseilbahnunternehmen bieten demnach rund 3'000 ständige und Teilzeitarbeitsplätze an. Sie fallen somit gesamtschweizerisch und regional als Arbeitgeber nicht besonders ins Gewicht. Diese allgemeine Feststellung trifft in der Regel für die einzelnen Gemeinden nicht zu, da dort der Anteil der in der Wirtschaftsgruppe "Verkehr" Beschäftigten gemessen am Total des Dienstleistungssektors neben dem Gastgewerbe den grössten Anteil aufweist.

Die Aufgliederung des Betriebsaufwandes der Luftseilbahnen 1960 und 1972 nach einzelnen Aufwandkomponenten ist aus Tabelle 7 ersichtlich. Der Personalaufwand hat von 6,5 Mio im Jahre 1960 auf über 50 Mio im Jahre 1972 zugenommen. Der Sachaufwand verzeichnet eine etwas weniger ausgeprägte Zunahme von 7,3 Mio auf 43 Mio, während die ordentlichen Abschreibungen, die im Jahre 1960 5,3 Mio betragen haben, im Jahre 1972 auf nunmehr rund 30 Mio zu stehen kommen. Der starke Anstieg des gesamten Betriebsaufwandes von rund 19 Mio im Jahre 1960 auf 124 Mio im Jahre 1972 ist nicht kontinuierlich verlaufen.

Im Zusammenhang mit der Steigerung des Transportangebotes der Luftseilbahnen haben wir an früherer Stelle auf den ausgesprochenen Bauboom seit 1968 hingewiesen. Diese starke Zunahme des Transportvermögens findet ihren Niederschlag in der Entwicklung des Betriebsaufwandes. Seit 1968 ist regional und somit auch gesamtschweizerisch eine Verdoppelung der einzelnen Aufwandkomponenten und somit auch des Gesamtaufwandes erfolgt.

Tabelle 7: Betriebsaufwand der Luftseilbahnen 1960 und 1972 unterteilt nach Regionen und Komponenten, absolute Zahlen[1])

Regionen	Betriebsaufwand in 1 000 Fr.							
	Personalaufwand		Sachaufwand		ordentliche Abschreibungen		Total	
	1960	1972	1960	1972	1960	1972	1960	1972
Jura	152	401	144	330	100	213	396	944
Waadt/ Fribourg	444	2694	457	1835	376	1094	1277	5623
Wallis	1412	17145	1170	12070	1104	9254	3686	38469
Berner Oberland	1086	6572	1544	6548	679	3382	3309	16502
Zentral-schweiz	861	5622	1124	5558	800	3141	2785	14321
Tessin	199	1192	160	1094	118	726	477	3012
Ostschweiz	778	4573	901	3812	653	3038	2332	11423
Graubünden	1595	11990	1872	12382	1479	9191	4946	33563
Schweiz	6527	50189	7372	43629	5309	30039	19208	123857

1) gerundet

Quelle: Eigene unveröffentlichte Berechnungen aufgrund der Schweizerischen Verkehrsstatistik

Die relativen Anteile der einzelnen Aufwandkomponenten gemessen am Betriebsaufwand haben sich in der Periode 1960 - 1972 spürbar verändert (vgl. Anhang Grafik h). Sowohl gesamtschweizerisch als auch in den einzelnen Regionen (ausgenommen Tessin) hat der relative Anteil des Personalaufwandes am gesamten Betriebsaufwand im Zeitraum 1960 - 1972 um 3 % bis 13 % zugenommen, wogegen die relativen Anteile von Sachaufwand und ordentlichen Abschreibungen zurückgegangen sind.

Ein hoher Anteil des Personalaufwandes hat unmittelbar zur Folge, dass relativ weniger "Ausgaben" getätigt werden können für

Sachaufwand und insbesondere für die ordentlichen Abschreibungen. In verschiedenen Regionen (insbesondere Graubünden, Ostschweiz und Wallis) ist seit 1968 - wie aus oben erwähnter Grafik hervorgeht - eine Konstanz des relativen Abschreibungsanteils festzustellen. Die anderen Regionen weisen trotz zum Teil starker Ausdehnung des Transportangebotes sinkende Anteile der Abschreibungen am gesamten Betriebsaufwand auf. Obschon es sich hier um Prozentzahlen handelt, darf die Vermutung ausgesprochen werden, dass verschiedene neuerstellte Unternehmungen in den nächsten Jahren die vorgeschriebenen Abschreibungssätze kaum einzuhalten vermögen. Ein wirtschaftlicher Substanzverlust - der spätestens im Zeitpunkt von Ersatzinvestitionen einzelner Anlageteile zum Vorschein kommt - wird in vielen Fällen nicht zu umgehen sein.

Da dem Personalaufwand bei bestehenden und projektierten Luftseilbahnunternehmen besondere Aufmerksamkeit geschenkt werden muss und nicht unbegrenzte Einsparungsmöglichkeiten an Arbeitskräften bestehen (Pistendienst, Rettungswesen usw.), untersuchen wir im folgenden noch kurz die Frage, inwieweit der relative Anteil der Personalkosten in Zusammenhang gebracht werden kann mit der wirtschaftlichen Lage der Unternehmen (Aktiv- bzw. Passivsaldo[1]). Zu diesem Zwecke unterteilen wir vorerst den relativen Anteil des Personalaufwandes der Luftseilbahnen nach verschiedenen Klassen (vgl. Tabelle 8):

---

1) Aktiv- bzw. Passivsaldo drückt das positive bzw. negative Gesamtergebnis der Gewinn- und Verlustrechnung aus (vgl. dazu Schweizerische Verkehrsstatistik).

Tabelle 8: Relativer Anteil des Personalaufwandes der Luftseilbahnen am Betriebsaufwand[1)]

Personalaufwand in % des Betriebsaufwandes 1972	Anzahl Luftseilbahnunternehmen			
weniger als 30 %	31	85	=	46 %
30,0 % - 39,9 %	54			
40,0 % - 49,9 %	60	60	=	32 %
50,0 % - 59,9 %	28	40	=	22 %
mehr als 60 %	12			
Zusammen	185		=	100 %

1) Schweizerischer Durchschnitt 41 %

Quelle: Eigene unveröffentlichte Berechnungen aufgrund der Schweizerischen Verkehrsstatistik

31 Luftseilbahnunternehmen weisen einen Personalaufwand von weniger als 30 % des gesamten Betriebsaufwandes auf, während als oberer Extremwert 12 Unternehmen mehr als 60 % ihres Betriebsaufwandes für Personalkosten verwenden. 40 von 185 Unternehmen verausgaben mehr als 50 % des Betriebsaufwandes allein für Personalkosten. Bereits diese Zahlen zeigen, dass die Festsetzung von Kennwerten betreffend Anteil Personalkosten am gesamten Betriebsaufwand kaum statthaft und sinnvoll ist. Um diese Folgerung zu untermauern und die Problematik einer allgemein verwendbaren und aussagekräftigen Kennziffer "Personalaufwand in Relation zum Betriebsaufwand" zu illustrieren, greifen wir die 25 Luftseilbahnunternehmen (3 Ortserschliessungsbahnen aus-

geklammert) heraus, deren Personalaufwand zwischen 50 % und 60 % des gesamten Betriebsaufwandes ausmacht. Allein 7 davon entfallen auf die Regionen Waadt/Fribourg und Jura und deren 6 auf die Region Wallis. Die übrigen Regionen weisen zwischen 2 und 4 solcher Unternehmen auf. Die Gegenüberstellung dieser 25 Luftseilbahnunternehmen mit ihrem jeweiligen Aktiv- bzw. Passivsaldo der Gewinn- und Verlustrechnung ergibt, dass 13 Unternehmen einen Aktivsaldo von insgesamt 688'000 Franken erzielt haben, während die übrigen 12 Unternehmen einen Passivsaldo von insgesamt rund 1,5 Mio verzeichnen[1]. An der Spitze betreffend relativ hohem Personalaufwand und Aktivsaldo stehen zwei Unternehmen im Berner Oberland, nämlich: Grindelwald-First mit 56 % Personalaufwand bzw. 195'000 Franken Aktivsaldo und Gstaad-Eggli mit 50 % bzw. 360'000 Franken. Von den Luftseilbahnunternehmen mit einem Personalaufwand zwischen 50 % und 60 % und Passivsaldo fallen vor allem ins Gewicht: Chur-Brambrüesch-Hühnerköpfe mit 50 % bzw. 450'000 Franken, Stoos-Fronalpstock mit 57 % bzw. 219'000 Franken und Rougemont-La Videmanette mit 50 % bzw. 220'000 Franken.

Die wirtschaftliche Lage derjenigen Luftseilbahnunternehmen in der Schweiz, die einen relativen Anteil des Personalaufwandes von 50 % bis 60 % aufweisen, ist sehr unterschiedlich und schwankt von 450'000 Franken Passivsaldo bis zu 360'000 Franken Aktivsaldo. Daraus ist ersichtlich, dass es kaum möglich ist, sowohl für bestehende als auch für geplante Luftseilbahnunternehmen zuverlässige Angaben über die relativen Anteile der einzelnen Komponenten des Betriebsaufwandes zu machen! Die Verhältnisse differieren von Unternehmen zu Unternehmen sehr stark, wobei hier eine Vielzahl von Faktoren wie Zeitpunkt der Inbe-

---

1) Vgl. dazu Schweizerische Verkehrsstatistik 1972, a.a.O., Seite 102 ff.

triebnahme der Anlage, Bahntyp, topografische Verhältnisse, Zusatzanlagen usw. den Personaleinsatz bzw. -aufwand beeinflussen können.

Verschiedentlich wurde versucht, den Personalaufwand in Beziehung zu setzen zum Verkehrsertrag und so einen allgemein gültigen Kennwert abzuleiten. Nach Fromer[1] beispielsweise beträgt der Personalaufwand bei den Luftseilbahnen im Durchschnitt etwa 1/3 des Verkehrsertrages. Der Autor stützt sich dabei auf die Angaben der Schweizerischen Verkehrsstatistik. "Gelingt es einer Gesellschaft, durch Rationalisierung, durch den Betriebsanforderungen angepasste flexible Dienstleistung, durch kostenbewusste Betriebsführung und weitere unternehmerische Massnahmen den Personalaufwand unter der branchenüblichen Norm zu halten, so wird sie, wenn im übrigen die wirtschaftlichen Grundsätze gemäss vorstehenden Ausführungen durchgesetzt werden konnten, mit Erfolg abschliessen. Ist indessen ihr Personalaufwand dauernd höher als die erwähnte Norm, so wird in der Regel der Erfolg ausbleiben"[2]. Der von Fromer postulierte Anteil des Personalaufwandes am Verkehrsertrag im Ausmass von 33 % entspricht im Jahre 1971 dem Durchschnitt aller Luftseilbahnen. Im Jahre 1972 hat sich dieser Wert bereits auf 36 % erhöht. Die verallgemeinernde Schlussfolgerung Fromers, wonach Luftseilbahnunternehmen, deren Personalaufwand mehr als 33 % des Verkehrsertrages ausmache, in der Regel nicht rentieren, wollen wir durch die Gegenüberstellung dieses Prozentsatzes mit dem jeweiligen Aktiv- bzw. Passivsaldo auf

1) Fromer L., Wirtschaftliche Gesichtspunkte bei der Führung von Luftseilbahnen, in: Neue Zürcher Zeitung vom 8. Januar 1972, Seite 15.

2) Fromer L., a.a.O.

ihre Stichhaltigkeit hin überprüfen. Dazu haben wir die Luftseilbahnen der Regionen Wallis, Berner Oberland und Graubünden als Beispiele ausgewählt. 44 Luftseilbahnen der genannten drei Regionen verzeichnen einen Personalaufwand, der kleiner als als 1/3 des Verkehrsertrages und müssten somit nach Fromer rentieren. Dies trifft jedoch nur für 31 Unternehmen zu (addierter Aktivsaldo 7,7 Mio Franken). 13 Unternehmen sind defizitär (addierter Passivsaldo 4,3 Mio Franken).

Tabelle 9: Personalaufwand der Luftseilbahnen in Prozenten des Verkehrsertrages, ausgewählte Regionen (Wallis, Berner Oberland, Graubünden)

Personalaufwand in % des Verkehrsertrages	Regionen	Aktivsaldo 1972		Passivsaldo 1972	
		Anzahl Unter-nehmen	Fr.	Anzahl Unter-nehmen	Fr.
weniger als 33 %	Wallis	12	3 136 000	7	2 464 000
	Berner Oberland	7	414 000	4	307 000
	Graubünden	12	4 164 000	2	1 507 000
	zusammen	31	7 714 000	13	4 278 000
33 % - 50 %	Wallis	9	2 709 000	7	1 648 000
	Berner Oberland	6	353 000	4	511 000
	Graubünden	6	546 000	4	901 000
	zusammen	21	3 608 000	15	3 060 000
mehr als 50 %	Wallis	2	306 000	6	3 713 000
	Berner Oberland	4	587 000	1	1 076 000
	Graubünden	1	1 000	4	1 126 000
	zusammen	7	954 000	11	5 915 000

Quelle: Eigene unveröffentlichte Berechnungen aufgrund der Schweizerischen Verkehrsstatistik

Obschon der Personalaufwand bei 18 Luftseilbahnen mehr als 50 % des Verkehrsertrages ausmacht, schliessen deren 7 immer noch mit Erfolg ab. Die defizitären Bahnen überwiegen hier jedoch eindeutig.

Die Schwankungen des Anteils Personalaufwand gemessen am Verkehrsertrag sind, wie aus obiger Aufstellung ersichtlich, sehr gross und eine enge direkte Abhängigkeit der Finanzlage von der Höhe dieser Verhältniszahl kann mit Ausnahme der Luftseilbahnen, deren Personalaufwand mehr als 50 % des Verkehrsertrages beträgt, nicht nachgewiesen werden. Es muss aber immerhin gesagt werden, dass der relative Anteil der Unternehmungen mit einem Aktivsaldo sich mit sinkendem Personalkostenanteil erhöht (umgekehrt die defizitären Unternehmungen bei erhöhtem Personalkostenanteil zunehmen):

weniger als 33 %	Personalaufwand:	70 %	der Unternehmen mit Aktivsaldo
33 % - 50 %	" :	60 %	"
mehr als 50 %	" :	40 %	"

Faustregeln (wie die von Fromer) sind sowohl für die Analyse bestehender als auch für die Planung neuer Luftseilbahnen untauglich. Die unternehmensspezifischen Verhältnisse verlangen geradezu zwingend eine differenziertere Betrachtungsweise. Fromer versucht, sich mit der Einschränkung abzusichern, dass die von ihm erwähnte Norm nur dann einen Erfolg garantiere, wenn die "übrigen wirtschaftlichen Grundsätze" ebenfalls durchgesetzt werden könnten, so u.a. wenn der Verkehrsertrag einige Jahre nach der Betriebseröffnung 20 % der Investition betrage. Im Zusammenhang mit der Analyse des Betriebsertrages der Luftseilbahnen werden wir auch zu diesem "Kennwert" kritisch Stellung nehmen (vgl. dazu 3.631).

3.622 Standseilbahnen

Im Rahmen der angebotsseitigen Analyse der Standseilbahnen (Transportvermögen in einer Richtung je Stunde) haben wir bereits auf die Tatsache hingewiesen, dass die letzte Standseilbahn im Jahre 1934 (Unterwasser-Iltios) gebaut worden ist. Wir haben weiter erwähnt, dass es angesichts der sehr hohen Baukosten (Trasseeführung usw.) auch in Zukunft nur noch in Ausnahmefällen möglich sein wird, eine neue Standseilbahn zu errichten. Die Aufteilung des Betriebsaufwandes nach einzelnen Komponenten hat demnach lediglich den Zweck, die Verhältnisse bei den bestehenden Standseilbahnunternehmen kritisch zu würdigen.

Der Betriebsaufwand hat sich gesamtschweizerisch von 1960 bis 1972 mehr als verdoppelt von 7,3 Mio auf rund 17 Mio Franken (vgl. Tabelle 10).

Tabelle 10: Betriebsaufwand der Standseilbahnen 1960 und 1972 nach Komponenten

	Betriebsaufwand in Fr.			
	Personal-aufwand	Sach-aufwand	ordentliche Abschreibungen	Total
1960	3,4 Mio	3,3 Mio	0,6 Mio	7,3 Mio
1972	8,4 Mio	7,1 Mio	1,4 Mio	16,9 Mio
Zunahme	+5,0 Mio	+3,8 Mio	+0,8 Mio	+ 9,6 Mio

Quelle: Schweizerische Verkehrsstatistik, a.a.O.

Die Zunahme des Betriebsaufwandes von rund 10 Mio Franken verteilt sich praktisch ausschliesslich auf Personal- und Sachaufwand. Die ordentlichen Abschreibungen haben als Folge der im

Vergleich zu den Luftseilbahnen weit geringeren Abschreibungssätze, die ihrerseits bedingt sind durch die längere "Lebensdauer" der Anlagen (Unterbau, Wagen usw.) nur um 0,8 Mio Franken zugenommen. Ein Vergleich der Beschäftigtenzahlen des Jahres 1972 mit denjenigen von 1960 zeigt, dass diese nur geringfügig zugenommen haben. Während 1960 der Personalbestand im Durchschnitt der Betriebsdauer rund 360 betragen hat, sind es 1972 rund 410 ständig Beschäftigte und Aushilfen. Die Zunahme des Personalaufwandes ist demnach grösstenteils auf Reallohnerhöhung und Teuerungsausgleich zurückzuführen.

Analog zu den Luftseilbahnen stellen wir auch bei den Standseilbahnen grosse Differenzen zwischen den prozentualen Anteilen Personalaufwand am Betriebsaufwand der einzelnen Unternehmen fest.

Tabelle 11: Relativer Anteil des Personalaufwandes der Standseilbahnen am Betriebsaufwand[1)]

Personalaufwand in % des Betriebsaufwandes 1972	Anzahl Standseilbahnen
30,0 - 39,9 %	3
40,0 - 49,9 %	11
50,0 - 59,9 %	7
mehr als 60 %	14
Zusammen	35[2)]

1) Schweizerischer Durchschnitt: 49 %.

2) Die Angaben zweier Unternehmen sind in der Schweizerischen Verkehrsstatistik nicht enthalten. Es handelt sich dabei um die Standseilbahn Les Avant-Sonloup, die von den Montreux-Oberlandbahnen betrieben wird und um die Zugerbergbahn, die den Zugerlandverkehrsbetrieben angeschlossen ist.

Quelle: Schweizerische Verkehrsstatistik

Aus dieser Aufgliederung geht u.a. hervor, dass 21 Unternehmen bezüglich ihres Personalaufwandes gemessen am gesamten Betriebsaufwand über dem schweizerischen Durchschnitt von 49 % liegen. 14 Standseilbahnen weisen sogar einen Anteil Personalkosten von über 60 % auf. Nur zwei dieser 14 Standseilbahnen (St. Imier-Mont Soleil und Dietschibergbahn) verzeichnen hingegen einen Passivsaldo, die restlichen 12 Bahnen "rentieren". Auch bei den Standseilbahnen besteht demnach kein enger, direkter Zusammenhang zwischen relativ hohem Anteil Personalaufwand und wirtschaftlich schlechter Situierung der Bahn.

3.63 Verkehrsertrag

3.631 Luftseilbahnen

Wir beschränken unsere Analyse auf den aus dem Personenverkehr resultierenden Verkehrsertrag, der rund 95 % des gesamten Betriebsertrages ausmacht. Die restlichen 5 % verteilen sich auf den Güterverkehr und auf den Nebenertrag (vgl. dazu 3.61). Der Verkehrsertrag aller Luftseilbahnen beläuft sich im Jahre 1972 auf rund 136 Mio Franken (vgl. Tabelle 12), wovon 35 Mio auf die Sommer- und 101 Mio auf die Wintersaison entfallen. Der Verkehrsertrag verzeichnet im Sommer gesamtschweizerisch eine Zunahme von 8,5 Mio Franken im Jahre 1960 auf 35 Mio im Jahre 1972, was einer Vervierfachung entspricht. Der Verkehrsertrag aus der Wintersaison ist im gleichen Zeitraum um das Siebenfache angestiegen, nämlich von 13,6 Mio auf 101 Mio Franken. Die Gründe für diese Zunahmen sind in der Frequenzentwicklung - die Zahl der beförderten Personen hat sich im Zeitraum 1960 bis 1972 rund vervierfacht - und in den Tariferhöhungen zu erblicken.

In Grafik 5 Seite 72 sind die relativen saisonalen Anteile des Verkehrsertrages dargestellt. Die im Zusammenhang mit der Ana-

Tabelle 12: Verkehrsertrag der Luftseilbahnen 1960 und 1972, unterteilt nach Regionen und Saison, absolute Zahlen[1)]

Regionen	Verkehrsertrag in 1 000 Fr.								
	Sommer 1960	Winter 1960	Total	Sommer 1972	Winter 1972	Total	Zunahme 1960/1972 Sommer	Winter	Total
Jura	219	149	368	408	408	816	189	259	448
Waadt/ Fribourg	299	1125	1424	1308	4041	5349	1009	2916	3925
Wallis	1593	2607	4200	8149	34574	42723	6556	31967	38523
Berner Oberland	1930	1784	3714	7737	11659	19396	5807	9857	15682
Zentral-schweiz	1623	1753	3376	7484	8944	16428	5861	7191	13052
Tessin	427	106	533	842	1785	2627	415	1679	2094
Ostschweiz	1183	1336	2519	3743	7145	10888	2560	5809	8369
Graubünden	1258	4754	6012	5334	32444	37778	4076	27690	31766
Schweiz	8532	13614	22146	35005	101000	136005	26473	87386	113859

1) gerundet

Quelle: Eigene unveröffentlichte Berechnungen aufgrund der Schweizerischen Verkehrsstatistik

lyse der beförderten Personen aufgezeigte Verlagerung vom Sommer- auf den Winterverkehr findet ihren unmittelbaren Niederschlag in der saisonalen Aufteilung des Verkehrsertrages. Während die Luftseilbahnunternehmen in der Schweiz im Jahre 1960 noch 40 % ihres gesamten Verkehrsertrages aus der Sommersaison erzielt haben, sind es im Jahre 1972 nur noch 26 %. Auf die einzelnen regionalen Verschiebungen des saisonalen Verkehrsertrages treten wir nicht näher ein, da die Grafik für sich selbst spricht. Hingegen gehen wir im folgenden der Frage nach, ob und inwieweit ein Zusammenhang zwischen der saisonalen Aufteilung des Verkehrsertrages und der wirtschaftlichen Lage eines Unternehmens nachgewiesen werden kann. Wir beschränken uns auf die Analyse der Ergebnisse im Jahre 1972 und betrachten die drei

Grafik 5: Verkehrsertrag[1] der Luftseilbahnen 1960 und 1965-1972 nach Regionen; relative saisonale Anteile

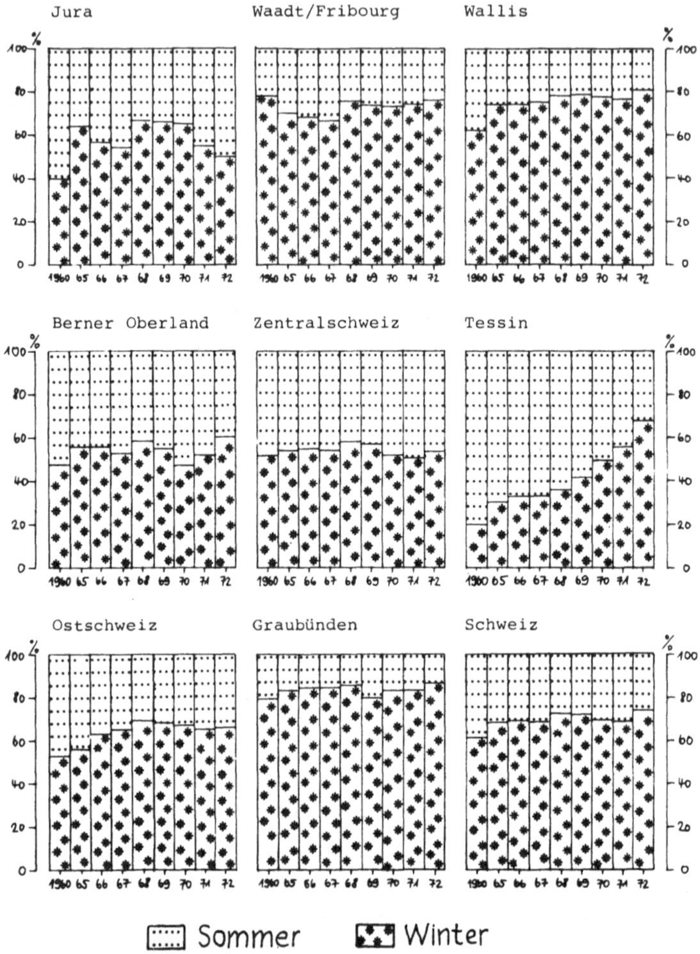

1) ohne Güterverkehr

Quelle: Eigene unveröffentlichte Berechnungen aufgrund der Schweizerischen Verkehrsstatistik

Sonderfälle: - Einsaisonbahnen
- Luftseilbahnen mit hohem Passivsaldo
- Luftseilbahnen mit hohem Aktivsaldo

Einsaisonbahnen:
Es handelt sich hier um Luftseilbahnen, die entweder nur im Winter oder nur im Sommer betrieben werden. Von 10 Einsaisonbahnen sind in der Schweizerischen Verkehrsstatistik keine Angaben der Gewinn- und Verlustrechnung enthalten.

Tabelle 13: Wirtschaftliche Lage einsaisonal betriebener Luftseilbahnen 1972

No.[1]	Luftseilbahn	Region	Saison	Aktivsaldo	Passivsaldo
				Fr.	Fr.
209	Les Moulins-Les Coullayes	(W/F)	Winter		8 100
219	Morgins-Le Corbeau	(W)	Winter		275 000
223	Léchereuse-Pauvre-Conche	(W)	Winter		311 000
229	Grand-St-Bernard-la Chenalette	(W)	Sommer	*	*
230	Bruson-la Côt	(W)	Winter		320 000
233	Ovronnaz-Jorasse	(W)	Winter		16 000
236	Les Collons-la-Trabanta	(W)	Winter		5 500
263	Findeln-Sunnegga	(W)	Winter	21 000	
295	Winteregg-Maulerhubel	(BO)	Winter	200	
299	Wengernalp Wixi-Lauberhornschulter	(BO)	Winter		3 200
301	Bustiglen-Kleine Scheidegg/Gummi-Honegg	(BO)	Winter		10 700
369	Grüsch-Schwänzelegg	(GB)	Winter		84 000
395	Celerina-Saluver	(GB)	Winter	1 200 000[2]	

* Zahlenangaben nicht erhältlich oder nicht erhoben
1) No. der Schweizerischen Verkehrsstatistik
2) Davon Reinertrag anderer Transportbetriebe (Skilifte): 1,0 Mio

Quelle: Schweizerische Verkehrsstatistik

Von 13 einsaisonal betriebenen Luftseilbahnen, deren Gewinn- und Verlustrechnung in der Schweizerischen Verkehrsstatistik veröffentlicht ist, werden deren 12 im Winter betrieben. Nur die Luftseilbahn (Grand-St-Bernard-la Chenalette) weist ausschliesslich Sommerbetrieb auf, ohne dass jedoch in der Statistik Angaben bezüglich Aktiv- oder Passivsaldo enthalten sind. Nur drei Luftseilbahnen erzielen einen Aktivsaldo, wobei der hohe Aktivsaldo von Celerina-Saluver zum grössten Teil auf den Reinertrag der Skilifte zurückzuführen ist[1]. Es würde den Rahmen der vorliegenden Untersuchung sprengen, wenn wir auf die Verhältnisse der einzelnen Luftseilbahnunternehmen gesondert eintreten wollten. Aus Tabelle 13 geht allgemein hervor, dass einsaisonal betriebene Luftseilbahnen nur in Ausnahmefällen ein betriebswirtschaftlich günstiges Ergebnis ermöglichen.

<u>Luftseilbahnen mit hohem Passivsaldo (mehr als 450 000 Fr.)</u>

Gemäss Schweizerischer Verkehrsstatistik stehen 1972 13 Luftseilbahnen mit einem Passivsaldo von mehr als 450 000 Franken zu Buche. Bezüglich Anteil Verkehrsertrag nach Saison zeigen sie ein stark unterschiedliches Bild (vgl. Tabelle 14).
6 Luftseilbahnen weisen einen Winteranteil von über 90 % des Ertrages auf und verzeichnen einen Passivsaldo zwischen 0,5 und 2,7 Mio Franken. Auffallend hoch ist dagegen bei einigen Unternehmen der relative Anteil des Verkehrsertrages der Sommersaison, so bei Col-du-Pillon-Glacier des Diablerets mit 68 %, Moléson-Village-Le Moléson-Vudalla und Trübsee-Kleintitlis mit je 53 % (Passivsalden 1,5 - 2,2 Mio Fr.) Die Gründe für die hohen Passivsalden der in Tabelle 14 aufgeführten Unternehmen

---

1) Die Luftseilbahn und die ihr angeschlossenen Skilifte führen ins St. Moritzer Skigebiet Corviglia-Piz Nair hinauf. Zudem handelt es sich hier um eine relativ alte Anlage (1958 erstellt).

Tabelle 14: Saisonaler Anteil des Verkehrsertrages bei Luftseilbahnen mit hohem Passivsaldo 1972

No.	Luftseilbahn	Region	Passivsaldo Fr.	Anteil Verkehrsertrag in %	
				Sommer	Winter
202	Buttes-La Robella	(J)	510 000	4 %	96 %
208	Moléson-Village-Le Moléson-Vudalla	(W/F)	1 850 000	53 %	47 %
210	Château-d'Oex-La Montagnette	(W/F)	450 000	12 %	88 %
213	Col-du-Pillon-Glacier des Diablerets	(W/F)	2 250 000	68 %	32 %
239	Anzère-Pas-de-Maimbré	(W)	2 700 000	4 %	96 %
244	Zinal-Sorebois	(W)	460 000	14 %	86 %
248	L'Aminona-Petit-Mont-Bonvin	(W)	1 290 000	3 %	97 %
262	Sunnegga-Unterrothorn	(W)	710 000	8 %	92 %
287	Reusch-Cab. des Diablerets	(BO)	1 080 000	43 %	57 %
310	Lungern-Schönbühl	(Z)	590 000	37 %	63 %
318	Trübsee-Kleintitlis	(Z)	1 460 000	53 %	47 %
377	Glaris-Rinerhorn	(GB)	1 460 000	5 %	95 %
390	Disentis-Piz Ault	(GB)	500 000	8 %	92 %

Quelle: Schweizerische Verkehrsstatistik

sind offensichtlich nicht in der saisonalen Aufteilung des Verkehrsertrages zu erblicken, sondern einerseits darin, dass die Zahl der erzielten Frequenzen (und damit die Einnahmen) insbesondere im Winter um ein Vielfaches unter den erwarteten Frequenzen liegt, und dass die Baukosten andererseits höher zu stehen gekommen sind, als in den projektierten Unterlagen angenommen worden ist (vgl. dazu 3.751). Wir verzichten an dieser Stelle bewusst auf eine detaillierte Darstellung der möglichen

Gründe, die bei den einzelnen Luftseilbahnunternehmen zu einem Passivsaldo geführt haben und begnügen uns - ohne Anspruch auf Vollständigkeit erheben zu wollen - mit einer stichwortartigen Auflistung der wichtigsten ursächlichsten Faktoren:

- Ungünstige natürliche Voraussetzungen für den Wintertourismus (Höhenlage, Relief, Hangexposition, Hangneigungen, Offenheit des Geländes, Schneesicherheit usw.).
- Bergstation im Hochgebirge, wodurch das Skifahren im Winter aus Sicherheitsgründen stark eingeschränkt, wenn nicht sogar verunmöglicht wird.
- Ungünstige oder fehlende Erschliessung für den privaten und öffentlichen Verkehr.
- Fehlende Verbindungen zu anderen nahe gelegenen und bereits erschlossenen, gut funktionierenden Skigebieten.
- Ungenügendes Beherbergungsangebot am Orte.
- Einseitiges, fast ausschliesslich auf Appartementhäuser ausgerichtetes Beherbergungsangebot mit relativ tiefer Auslastung (oft nur um 20 %).
- Anfangsschwierigkeiten, da durch Lawinengefahr der Betrieb eingeschränkt worden ist.
- Naturkatastrophen oder Zerstörung bestimmter Anlagenteile durch Brandfälle, was zur Folge hatte, dass die Wiederherstellungskosten bedeutend höher zu stehen kamen als die ursprünglichen Erstellungskosten.

Luftseilbahnen mit hohem Aktivsaldo (mehr als 500 000 Fr.)

7 Luftseilbahnen, die zweisaisonal betrieben werden, verzeichnen einen Aktivsaldo von mehr als 500 000 Franken (vgl. Tabelle 15). Die Luftseilbahnen Gamsen-Mund und Betten FO-Betten Dorf sind jedoch nicht reine Touristenbahnen, sondern erschliessen den Ort und dienen somit der Dorfbevölkerung (insbesondere den Wegpendlern) als Verkehrsmittel. Mit 94 % ist der Anteil des Verkehrsertrages im Winter bei der Luftseilbahn Kleine Scheidegg-

Tabelle 15: Saisonaler Anteil des Verkehrsertrages bei Luftseilbahnen mit hohem Aktivsaldo 1972

No.	Luftseilbahn	Region	Aktivsaldo Fr.	Anteil Verkehrsertrag in %	
				Sommer	Winter
260	Zermatt-Schwarzsee/-Trockener Steg	(W)	1 300 000	25 %	75 %
268	Gamsen-Mund[1)]	(W)	750 000	60 %	40 %
271a	Ried-Riederalp/Mörel-Greicheralp	(W)	800 000	54 %	46 %
273	Betten FO-Betten Dorf[1)]	(W)	620 000	35 %	65 %
300	Kleine Scheidegg-Lauberhorn[2)]	(BO)	640 000	6 %	94 %
378	Arosa-Hörnli-Weisshorn	(GB)	600 000	17 %	83 %
393	Surley-Silvaplana-Corvatsch	(GB)	670 000	32 %	68 %

1) v.a. Ortserschliessungsbahnen

2) im Winter als Skilift betrieben.

Quelle: Schweizerische Verkehrsstatistik

Lauberhorn sehr hoch. Diese Anlage wird jedoch nur im Sommer als Sesselbahn, im Winter hingegen als Skilift betrieben. Die relativ hohen Anteile des im Sommer erzielten Verkehrsertrages bei den Luftseilbahnen Zermatt-Schwarzsee/-Trockener Steg und der Corvatsch-Bahnen sind nicht zuletzt auf die guten Möglichkeiten für den Sommerskilauf zurückzuführen. Des weitern handelt es sich um Anlagen, die im Sommer besonders attraktive Aussichtspunkte erschliessen.

Abschliessend halten wir fest, dass sich aufgrund der vorliegenden Beispiele keine allgemein gültigen Richtwerte betreffend saisonaler Anteile des Verkehrsertrages ableiten lassen. Sowohl bei bestehenden als auch bei neu zu projektierenden Anlagen werden die verantwortlichen Unternehmensleiter bzw. Initianten gut beraten sein, wenn sie der Wintersaison besondere Aufmerksamkeit schenken, gleichzeitig aber beachten, dass Luftseilbahnen wirtschaftlich in der Regel auf einen zweisaisonalen Betrieb angewiesen sind.

In Abschnitt 3.621 haben wir den "Kennwert" Anteil Personalaufwand gemessen am Verkehrsertrag kritisch untersucht und die Untauglichkeit dieser Faustregel nachgewiesen. Eine andere besagt nun, dass der Verkehrsertrag von Luftseilbahnen nach wenigen Jahren Anlaufzeit minimal 20 % des Anlagevermögens betragen muss[1]. Dieser, von Maurhofer als Erfahrungswert bezeichnete Prozentsatz, ist für unternehmerische Entscheide ebenfalls unbrauchbar. Wir verweisen hier auf Pfund[2], der darlegt, dass beispielsweise 16 % der defizitären Luftseilbahnen einen Umsatz von mehr als 20 % der Baukosten erzielen, und dass 24 % der rentierenden Anlagen einen Umsatz von weniger als 20 % der Baukosten ausweisen.

3.632 Standseilbahnen

Obschon der Güterverkehr und der Nebenertrag bei den Standseilbahnen mit 3 Mio von insgesamt 20,5 Mio Franken einen wesentlich höheren Anteil am Betriebsertrag ausmachen als bei den Luftseilbahnen, beschränken wir unsere Ausführungen auch hier auf den Personenverkehrsertrag.

---

1) Maurhofer F., Der Erholungswert von Bergregionen, Kriterien zur Beurteilung privater und öffentlicher Investitionen im kurörtlichen Bereich, Separatdruck aus der Schweizerischen Handelszeitung Nr. 37/72 und
Fromer L., Wirtschaftliche Gesichtspunkte bei der Führung von Luftseilbahnen, a.a.O.

2) Pfund C., Gipfelstürmer im Dilemma, in: Hotel-Revue, Nr. 51/52, 20. Dez. 1973, Seite 12 f.

Wie aus Tabelle 16 hervorgeht, beträgt der Verkehrsertrag aus der Personenbeförderung im Sommer 1972 rund 7,6 Mio Franken, im Winter 1972 rund 9,9 Mio Franken, d.h. rund 43 % des gesamten Verkehrsertrages werden in der Sommersaison erzielt (Luftseilbahnen: 25 %). Gegenüber dem Jahre 1960 hat sich die Situation nur wenig verändert. Damals sind auf die Sommer- bzw. auf die Wintersaison je rund 50 % des Verkehrsertrages entfallen. Gesamtschweizerisch hat der Verkehrsertrag im Zeitraum 1960 bis 1972 im Winter mit 5,5 Mio etwas stärker zugenommen als im Sommer (3,4 Mio Franken). Die Sommersaison spielt bei den Standseilbahnen ertragsmässig eine verhältnismässig wichtigere Rolle als bei den Luftseilbahnen.

Tabelle 16: Verkehrsertrag der Standseilbahnen 1960 und 1972, unterteilt nach Regionen und Saison, absolute Zahlen1)

Regionen	Verkehrsertrag in 1 000 Fr. Sommer 1960	Winter 1960	Total	Sommer 1972	Winter 1972	Total	Zunahme 1960/1972 Sommer	Winter	Total
Jura	196	132	328	280	218	498	84	86	170
Waadt/ Fribourg	252	150	402	286	210	496	34	60	94
Wallis	212	259	471	418	511	929	206	252	458
Berner Oberland	1272	453	1725	2605	1214	3819	1333	761	2094
Zentral-schweiz	813	488	1301	1311	1165	2476	498	677	1175
Tessin	690	225	915	965	289	1254	275	64	339
Ostschweiz	228	280	508	469	621	1090	241	341	582
Graubünden	486	2366	2852	1238	5647	6885	752	3281	4033
Schweiz	4149	4353	8502	7572	9875	17447	3423	5522	8945

1) Zahlen gerundet

Quelle: Eigene unveröffentlichte Berechnungen aufgrund der Schweizerischen Verkehrsstatistik

Die Gegenüberstellung der Zunahme des Verkehrsertrages Sommer 1960/1972 und Winter 1960/1972 mit der Entwicklung der Frequenzen im selben Zeitraum zeigt folgendes Bild:

- Verkehrsertragszunahme 1960/1972:

. Sommer	3,4 Mio Fr.	= ca.	+	80 %
. Winter	5,6 Mio Fr.	= ca.	+	130 %
. gesamthaft	9 Mio Fr.	= ca.	+	100 %

- Zunahme der Frequenzen 1960/1972:

. Sommer	+ 0,2 Mio	= ca.	+	5 %
. Winter	+ 1,3 Mio	= ca.	+	35 %
. gesamthaft	+ 1,5 Mio	= ca.	+	20 %

Die Steigerung des Verkehrsertrages ist angesichts der geringen Zunahme der beförderten Personen in ausgeprägterem Ausmasse als bei den Luftseilbahnen auf Tariferhöhungen (vor allem für Einzelfahrten in der Sommersaison) zurückzuführen.

3.64 Aufwanddeckungsgrad

3.641 Aufwanddeckungsgrad als Reziprokwert des Betriebskoeffizienten

Das Eidg. Amt für Verkehr hat in der Schweizerischen Verkehrsstatistik innerhalb der veröffentlichten Betriebsrechnungen der touristischen Spezialverkehrsmittel für jedes Unternehmen das Verhältnis zwischen Betriebsaufwand und Betriebsertrag bestimmt und diesen Wert als Betriebskoeffizienten bezeichnet (Berechnungsart siehe 3.61), ohne ihn näher zu umschreiben oder zu begründen. Ein Betriebskoeffizient von über 100 % besagt - wie früher dargelegt - nichts anderes, als dass der Betriebsaufwand höher ist als der Betriebsertrag, was in der Regel (falls der Aufwandüberschuss nicht durch Ertrag aus Vermögen usw. gedeckt werden kann) betriebswirtschaftlich ungünstig ist. Liegt der Betriebskoeffizient dagegen unter 100 % bedeutet dies, dass ein Ertragsüberschuss vorhanden ist.

Die Frage, ob der Betriebskoeffizient ein Mass der Wirtschaftlichkeit sei, möchten wir in Anlehnung an Pfund ebenfalls negativ beantworten[1]. Das Aufwand-/Ertragsverhältnis allein vermag nämlich noch keine genügende Auskunft über die wirtschaftlichen Verhältnisse der touristischen Spezialverkehrsmittel zu geben. So sind im Betriebsaufwand keine Kapitalkosten (Zinsen für feste und laufende Verbindlichkeiten, Finanzkosten) enthalten und der Betriebsertrag beschränkt sich nur auf Einnahmen aus Personenbeförderung, Güterverkehr und Nebenertrag. Der Reinertrag anderer Transportbetriebe, der Ertrag des Betriebsvermögens, sonstige Erträge usw. bleiben unberücksichtigt. Die Beurteilung der wirtschaftlichen Situation der touristischen Spezialverkehrsmittel (Gesamtuntersuchung) kann nur aufgrund der Gewinn- und Verlustrechnung vorgenommen werden.

In Abschnitt 3.61 haben wir auf die Bedeutung und Problematik des Betriebskoeffizienten hingewiesen. Als Grösse, die Auskunft gibt über die sich direkt aus der "Leistungserstellung" ergebenden aufwand- und ertragsseitigen Konsequenzen, möchten wir ihm nicht jegliche Berechtigung absprechen. Für die Beurteilung bestehender und für die Projektierung neuer Luftseilbahnen und Skilifte dürfte es aber u.E. weniger von Interesse sein, den relativen Anteil des Aufwandes am Ertrag zu kennen, sondern vielmehr zu wissen, zu wieviel Prozent der Ertrag den Aufwand deckt. Aus diesen Gründen führen wir hier einen neuen Wert ein, den wir als Aufwanddeckungsgrad (Reziprokwert des Betriebskoeffizienten)

---

1) Vgl. dazu Pfund C., Rechtliche und wirtschaftliche Probleme der touristischen Spezialverkehrsmittel, a.a.O., Seite 181 f.

bezeichnen. Er berechnet sich wie folgt:

$$\text{Aufwanddeckungsgrad } A_{dg} = \frac{\text{Total Betriebsertrag}}{\text{Total Betriebsaufwand}} \cdot 100 = \ldots\ldots \%$$

Ein Aufwanddeckungsgrad von 80 % besagt, dass der Ertrag den Aufwand nur zu 80 % zu decken vermag, ein solcher von 120 %, dass der Betriebsertrag um 20 % über dem Betriebsaufwand liegt.

3.642 Aufwanddeckungsgrad der Luftseilbahnen

Der Aufwanddeckungsgrad der Luftseilbahnen in der Schweiz ist im Zeitraum 1966 bis 1972 von 121 % leicht zurückgegangen auf 117 %. Der Betriebsertrag aller Luftseilbahnen liegt im Jahre 1972 demnach knapp 20 % über dem Betriebsaufwand. Im gleichen Jahr resultiert ein kumulierter Passivsaldo[1)] von 24 Mio Franken, dem ein kumulierter Aktivsaldo von 15 Mio Franken gegenübersteht, woraus sich ein "Verlust" von 9 Mio Franken ergibt. Der Aufwanddeckungsgrad ist - wie bereits oben ausgeführt - als alleiniger Gradmesser der Wirtschaftlichkeit von touristischen Spezialverkehrsmitteln nicht geeignet.

In Tabelle 17 haben wir den Aufwanddeckungsgrad aller Luftseilbahnen in zwei Gruppen eingeteilt, nämlich Aufwanddeckungsgrad >100 % und Aufwanddeckungsgrad <100 %. Im Jahre 1966 weisen 29 oder 20 % von 145 Luftseilbahnen einen Aufwanddeckungsgrad von weniger als 100 % auf, im Jahre 1972 sind es bereits 56 oder rund 30 % von 188 Luftseilbahnunternehmen, deren Betriebsertrag nicht mehr ausreicht, um den Betriebsaufwand auszugleichen.

---

1) Passivsaldo seit Inbetriebnahme

Tabelle 17: Luftseilbahnen, Aufwanddeckungsgrad (A_{dg}) 1966, 1968, 1970 und 1972 nach Regionen

1966

Anzahl Unternehmen mit $A_{dg} < 100$ %	Regionen	Anzahl Unternehmen mit $A_{dg} > 100$ %
1	Jura	5
2	Waadt/ Fribourg	11
15	Wallis	25
4	Berner Oberland	15
1	Zentral- schweiz	20
2	Tessin	4
1	Ostschweiz	16
3	Graubünden	20
29	Schweiz	116
→ 145 ←		

1968

Anzahl Unternehmen mit $A_{dg} < 100$ %	Regionen	Anzahl Unternehmen mit $A_{dg} > 100$ %
1	Jura	5
3	Waadt/ Fribourg	10
12	Wallis	35
3	Berner Oberland	18
2	Zentral- schweiz	19
2	Tessin	4
1	Ostschweiz	18
2	Graubünden	23
26	Schweiz	132
→ 158 ←		

1970

Anzahl Unternehmen mit $A_{dg} < 100$ %	Regionen	Anzahl Unternehmen mit $A_{dg} > 100$ %
4	Jura	3
4	Waadt/ Fribourg	9
17	Wallis	37
5	Berner Oberland	19
5	Zentral- schweiz	18
3	Tessin	4
2	Ostschweiz	18
2	Graubünden	24
42	Schweiz	132
→ 174 ←		

1972

Anzahl Unternehmen mit $A_{dg} < 100$ %	Regionen	Anzahl Unternehmen mit $A_{dg} > 100$ %
4	Jura	2
3	Waadt/ Fribourg	10
16	Wallis	37
4	Berner Oberland	23
9	Zentral- schweiz	18
4	Tessin	4
11	Ostschweiz	12
5	Graubünden	26
56	Schweiz	132
→ 188 ←		

Quelle: Eigene unveröffentlichte Berechnungen aufgrund der Schweizerischen Verkehrsstatistik

Von 1968 bis 1972 hat sich die wirtschaftliche Situation augenfällig verschlechtert. Die Anzahl Luftseilbahnen mit einem Aufwanddeckungsgrad unter 100 % ist um 30 angestiegen. Diese Zahl entspricht genau der Zunahme von Luftseilbahnen in diesem Zeitabschnitt. Die Frage, ob die Vermehrung der Bahnen, die ihren Betriebsaufwand mit dem Betriebsertrag nicht mehr zu decken vermögen, auf Unternehmen zurückzuführen ist, die bereits vor 1968 erstellt wurden, oder auf solche, die 1968 bis 1972 neu entstanden, kann wie folgt beantwortet werden:

- 34 oder 60 % der in Tabelle 17 ausgewiesenen 56 Luftseilbahnunternehmen mit einem $A_{dg} < 100$ % haben ihren Betrieb vor dem Jahre 1968 aufgenommen.
- Nur 18 Luftseilbahnunternehmen (rund 30 % der 56 Bahnen) sind in den Jahren 1968 bis 1972 eröffnet worden.
- Die verbleibenden 4 Luftseilbahnunternehmen waren bereits vor 1968 in Betrieb und haben ihre Anlagen zwischen 1968 und 1972 erneuert oder erweitert.

Die Vermutung, wonach vor allem "junge Bahnen" in den ersten Betriebsjahren mit Anfangsschwierigkeiten zu kämpfen hätten, bestätigt sich aufgrund unserer Untersuchungen kaum. Der Nachweis eines engen Zusammenhanges zwischen der Höhe des Aufwanddeckungsgrades und dem Alter der Transportanlagen kann jedenfalls nicht erbracht werden. Wie wir bereits mehrmals betont haben, eignet sich der Aufwanddeckungsgrad nur beschränkt zur Analyse der wirtschaftlichen Situation der Unternehmen. Bei den 56 Luftseilbahnunternehmen mit $A_{dg} < 100$ % erfolgt deshalb der Einbezug ihres Aktiv- bzw. Passivsaldos der Gewinn- und Verlustrechnung. Von 6 Unternehmen sind in der Schweizerischen Verkehrsstatistik keine Angaben enthalten, so dass für unsere weiteren Betrachtungen noch 50 Luftseilbahnunternehmen verbleiben. 8 dieser 50 Un-

Tabelle 18: Luftseilbahnen 1972 mit Aufwanddeckungsgrad < 100 % und Aktivsaldo (Zahlen gerundet)

Luftseilbahnunternehmen	Ueberschuss des Betriebsaufwandes der Bahn	Kapitalkosten	Aktivsaldo	Gründe: (T, S, R, sE)[1]
	Fr.	Fr.	Fr.	Fr.
Reigoldswil-Wasserfalle (J)	6 000	118 000	49 000	T: 145 000 S: 96 000
St. Luc-Tignousa (W)	28 000	38 000	66 000	T: 139 000
Crans-Montana (W)	110 000	146 000	135 000	T: 468 000
Sörenberg-Rossweid (Z)	11 000	36 000	14 000	T: 93 000
Sattel-Hochstuckli (Z)	75 000	-	16 000	R: 80 000
Melide-Carona (TI)[2]	86 000	1 000	36 000	sE: 529 000
Alpe Fracc-Confin Basso (TI)[3]	99 000	116 000	16 000	sE: 560 000
Amden-Niederschlag (O)	50 000	23 000	10 000	T: 80 000

1) T = Reinertrag anderer Transportbetriebe (Skilifte) und der Nebengeschäfte

S = Betriebssubventionen

R = Entnahme aus Reserven

sE = sonstige Erträge (Grundstücke, Liegenschaften, insbesondere Restaurants)

2) Passivsaldo des Vorjahres: 406 000

3) ausserordentliche Abschreibungen auf Nebengeschäften in Gewinn- und Verlustrechnung: 372 000

Quelle: Eigene unveröffentlichte Berechnungen aufgrund der Schweizerischen Verkehrsstatistik

ternehmen verfügen über einen Aktivsaldo[1], obschon der Betriebsertrag kleiner ist als der Betriebsaufwand. Diese erstaunliche

1) vgl. Schweizerische Verkehrsstatistik

Feststellung erscheint uns bedeutungsvoll genug, um die einzelnen Unternehmen aufzuführen (vgl. Tabelle 18, Seite 85) und den Gründen nachzugehen, die das Erzielen eines Aktivsaldos möglich gemacht haben. Die für unsere Belange wichtigsten 4 Positionen der Gewinn- und Verlustrechnung vermögen genügend Einblick zu geben in die Gründe, weshalb Luftseilbahnen, deren Betriebsertrag nicht einmal den Betriebsaufwand deckt, gleichwohl einen Aktivsaldo erzielen. Als hauptsächlichste Gründe erkennen wir: Reinerträge der anderen Transportbetriebe (T) sowie der Nebengeschäfte. Die den Luftseilbahnunternehmen gehörenden Skilifte haben hier entscheidend mitgeholfen, das Defizit aus der Betriebsrechnung in einen Aktivsaldo zu überführen. Auffallend hoch sind bei beiden Luftseilbahnen im Tessin die Reinerträge aus der Position "sonstige Erträge". Es handelt sich hier einerseits um ein gut rentierendes Restaurant, während die Einnahmen andererseits aus Grundstücken (im Geschäftsbericht "Utili su terreni" genannt) stammen. Betreffend "Alter" der in Tabelle 18 enthaltenen 9 Luftseilbahnen sei abschliessend festgehalten, dass 5 Bahnen ihren Betrieb bereits vor 1968 aufgenommen haben, während je 2 im Zeitraum 1968 bis 1972 neu erstellt bzw. erneuert oder erweitert worden sind.

Die Aufteilung der verbleibenden 41 Luftseilbahnunternehmen - deren Aufwanddeckungsgrad kleiner als 100 % ist und die einen Passivsaldo erzielt haben - nach dem "Alter des Unternehmens" zeigt folgendes Bild:

24 Luftseilbahnunternehmen vor 1968 in Betrieb	→	Passivsaldo:	7,6 Mio Franken
16 Luftseilbahnunternehmen Betriebsaufnahme 1968 - 1972	→	Passivsaldo:	5,7 Mio Franken
1 Luftseilbahnunternehmen im Zeitraum 1968 - 1972 erneuert bzw. erweitert	→	Passivsaldo:	2,7 Mio Franken
41 Luftseilbahnunternehmen		Passivsaldo:	16 Mio Franken

Mehr als die Hälfte der 41 Luftseilbahnunternehmen haben ihren Betrieb vor 1968 aufgenommen (12 davon sogar vor 1960). Unsere oben gemachte Feststellung, dass nicht schwergewichtig "junge Bahnen" in finanziellen Schwierigkeiten stecken, wird dadurch bestätigt.

Der Passivsaldo aller Luftseilbahnunternehmen in der Schweiz beläuft sich im Jahre 1972 auf rund 24,4 Mio Franken[1)], wovon auf die hier erwähnten 41 Luftseilbahnunternehmen genau 2/3 entfallen. Die restlichen rund 8 Mio Passivsaldo sind somit Luftseilbahnen zuzurechnen, deren Aufwanddeckungsgrad zwar über 100 % liegt, deren Reinverluste anderer Transportbetriebe, Kapitalkosten usw. jedoch die Entstehung eines Passivsaldos bewirken.

3.7 Gewinn- und Verlustrechnung der Luftseilbahnen

3.71 Einzelne Komponenten

Die Gewinn- und Verlustrechnung der touristischen Spezialverkehrsmittel widerspiegelt die wirtschaftliche Situation der einzelnen Unternehmen, wobei die Ergebnisse der sogenannten anderen Transportbetriebe (Skilifte) und der Nebengeschäfte - im Gegensatz zur Betriebsrechnung - mitberücksichtigt sind.
Wichtigste Konten der Gewinn- und Verlustrechnung:

- Ertragsseite:	Luftseilbahnen total 1972	
Aktivsaldo des Vorjahres	Fr.	3,5 Mio
Ueberschuss des Betriebsertrages der Bahnen	Fr.	24,6 Mio
Reinertrag anderer Transportbetriebe und der Nebengeschäfte	Fr.	8,0 Mio
Sonstige Erträge	Fr.	3,7 Mio

1) vgl. dazu insbesondere 3.73

- Aufwandseite:

	Luftseilbahnen total 1972
Passivsaldo des Vorjahres	Fr. 19,7 Mio
Ueberschuss des Betriebsaufwandes der Bahnen	Fr. 4,1 Mio
Abschreibungen auf Bahnanlagen und Nebengeschäften sowie anderen Werten (ohne die ordentlichen Abschreibungen zulasten der Betriebsrechnung)	Fr. 10,2 Mio
Kapitalkosten (Zinsen für feste und laufende Verbindlichkeiten	Fr. 13,4 Mio

Der Ueberschuss des Betriebsertrages aller Luftseilbahnen beträgt im Jahre 1972 24,6 Mio Franken, während sich der Ueberschuss des Betriebsaufwandes von Luftseilbahnen im gleichen Jahr auf rund 4,1 Mio Franken beläuft. Aus der Verrechnung von Betriebsaufwand und -ertrag resultiert ein positiver Betriebssaldo von 20,5 Mio Franken. Zur Analyse der wirtschaftlichen Situation der Luftseilbahnunternehmen ist dieser Wert nicht aussagekräftig, da er nur die "Betriebsbuchhaltung" des laufenden Jahres präsentiert. Aktivsaldo des Vorjahres, Reinertrag anderer Transportbetriebe usw. einerseits, Passivsaldo, Kapitalkosten, ausserordentliche Abschreibungen usw. andererseits sind nicht miteinbezogen.

3.72 Die Bedeutung von Aktiv- und Passivsaldo

Die "Seilbahn-Gesamtrechnung"[1] (Aktivsaldo: 15,1 Mio, Passivsaldo: 24,5 Mio) schliesst im Jahre 1972 mit einem Fehlbetrag von rund 9,4 Mio Franken ab[2]. "Würde nun aber diese Gesamt-

1) Pfund C., Verkehrspolitische Probleme - Konzessionierungs- und Bewilligungspraxis, a.a.O., Seite 5.

2) Im Jahre 1973 betrug er bereits 13,6 Mio Franken.

rechnung anhand bereinigter Rechnungsergebnisse erstellt, entstünde kaum dieses schlechte Schlussergebnis, denn die grosse Anzahl rentierender Unternehmen ist zum Teil in der Lage, beträchtliche Mittel in ihren Rechnungen zu "versorgen", d.h. offene und vor allem stille Reserven zu äufnen "[1]. (Die Luftseilbahnen weisen in ihren Bilanzen im Jahre 1972 gesamthaft rund 31,5 Mio Reserven und Rücklagen aus).

Die unerfreuliche gesamthafte Finanzlage der Luftseilbahnen ist in der Vergangenheit oft ins Schussfeld der Kritik geraten[2], ohne dass bis heute der Versuch unternommen worden wäre, gestützt auf einzelbetriebliche Analysen die Hauptursachen zu ergründen, die zu diesen Fehlbeträgen geführt haben.

Die stichhaltige Beurteilung der Finanzlage der Luftseilbahnunternehmen kann u.E. nicht aufgrund der kritischen Würdigung eines pauschalen Betrages erfolgen. Vielmehr muss die Summe der Aktiv- und Passivsalden aller Unternehmen regionalisiert und nach dem Alter der Anlagen aufgeteilt werden.

3.73 Aktiv- und Passivsaldo der Luftseilbahnunternehmen

In Tabelle 19 sind der Aktiv- und Passivsaldo der Luftseilbahnunternehmen der Jahre 1960, 1968 und 1972, aufgeteilt nach Regionen, dargestellt. Die Auswertung stützt sich auf die Ergeb-

---

1) Pfund C., ebenda

2) Vgl. dazu insbesondere:
   - Scheiwiller B., Jede 6. Schweizer Luftseilbahn arbeitet mit Defizit, in: Die Weltwoche Nr. 12 vom 22.3.72, Seite 15.
   - Defizitäre Seilbahnen, in: Neue Zürcher Zeitung, Mittagsausgabe Nr. 54 vom 2.2.1973, Seite 22.
   - Die Bedeutung der Bergbahnen für den Schweizer Tourismus, in: Neue Zürcher Zeitung Nr. 487 vom 20.10.73, Seite 42.

nisse der Schweizerischen Verkehrsstatistik, wobei beispielsweise für das Jahr 1972 nur 175 von 194 Luftseilbahnunternehmen in die Betrachtungen eingeschlossen werden konnten, da die restlichen Unternehmen entweder keine Angaben betreffend ihrer Gewinn- und Verlustrechnung gemacht haben, oder den Jahresabschluss so gestalten konnten, dass weder ein Aktiv- noch ein Passivsaldo resultiert hat.

Kommentar zu Tabelle 19:

- Sowohl der Aktiv- als auch der Passivsaldo der Luftseilbahnunternehmen in der Schweiz zeigen im Jahre 1972 im Vergleich zu 1960 und 1968 eine Vervielfachung der Werte, wobei der Anstieg bei den Passivsalden bedeutend stärker ist als bei den Aktivsalden. Die Seilbahn-Gesamtrechnung hat im Jahre 1960 mit einer negativen Differenz von knapp einer halben

Tabelle 19: Aktiv- und Passivsaldo der Luftseilbahnen 1960, 1968 und 1972 nach Regionen, absolute Zahlen

Regionen	Aktiv- / Passivsaldo in 1 000 Fr.				
	1960				
	Aktivsaldo		Passivsaldo		Differenz
Jura	21	(1)[1]	135	(2)	- 114
Waadt/Fribourg	125	(6)	125	(2)	± 0
Wallis	684	(13)	204	(10)	+ 480
Berner Oberland	437	(11)	412	(2)	+ 25
Zentralschweiz	190	(7)	146	(3)	+ 44
Tessin	61	(1)	326	(3)	- 265
Ostschweiz	384	(6)	646	(4)	- 262
Graubünden	566	(9)	522	(5)	+ 44
Schweiz	2468	(54)	2516	(31)	- 48

Tabelle 19: Fortsetzung

Regionen	Aktiv- / Passivsaldo in 1 000 Fr. 1968 Aktivsaldo		Passivsaldo		Differenz
Jura	99	(3)	209	(2)	- 110
Waadt/Fribourg	310	(5)	2689	(8)	- 2379
Wallis	3096	(26)	3482	(18)	- 386
Berner Oberland	750	(13)	2262	(9)	- 1512
Zentralschweiz	485	(12)	1635	(7)	- 1150
Tessin	81	(3)	429	(3)	- 348
Ostschweiz	578	(12)	725	(6)	- 147
Graubünden	3162	(18)	781	(5)	+ 2381
Schweiz	8561	(92)	12212	(58)	- 3651

Regionen	Aktiv- / Passivsaldo in 1 000 Fr. 1972 Aktivsaldo		Passivsaldo		Differenz
Jura	90	(2)	564	(3)	- 474
Waadt/Fribourg	194	(6)	4868	(7)	- 4674
Wallis	6441	(24)	7960	(21)	- 1519
Berner Oberland	1992	(18)	1894	(9)	+ 98
Zentralschweiz	583	(12)	3459	(13)	- 2876
Tessin	101	(5)	522	(3)	- 421
Ostschweiz	1001	(12)	1588	(9)	- 587
Graubünden	4741	(20)	3594	(11)	+ 1120
Schweiz	15143	(99)	24449	(76)	- 9306

[1]) Zahlen in Klammern geben Anzahl Unternehmen an.

Quelle: Eigene unveröffentlichte Berechnungen aufgrund der Schweizerischen Verkehrsstatistik

Mio Franken abgeschlossen, im Jahre 1968 mit 3,6 Mio, wonach dann ein Sprung auf 9,3 Mio im Jahre 1972 feststellbar ist.

- Die unerfreuliche Finanzlage im Jahre 1972 ist demnach auf den ersten Blick der Entwicklung des Luftseilbahn-Geschäftes im Zeitraum 1968 bis 1972 zuzuschreiben. An dieser Stelle können noch keine Aussagen darüber gemacht werden, ob dieser Anstieg durch bestehende oder in diesem Zeitraum neu erstellte bzw. erweiterte Bahnen verursacht worden ist.

- Im Jahre 1972 haben 99 Luftseilbahnunternehmen einen Aktivsaldo von rund 15 Mio Franken erwirtschaftet, wogegen 76 Unternehmen zusammen einen Passivsaldo von 24,4 Mio verzeichnen. Hierbei handelt es sich immer um kumulierte Zahlen, d.h. die Salden der Vorjahre sind mitverrechnet. Während im Jahre 1969, das als gutes Geschäftsjahr bezeichnet wird[1], rund 1/3 aller Luftseilbahnunternehmen defizitär sind, verzeichnen im Jahre 1972 bereits mehr als 2 von 5 Luftseilbahnunternehmen einen Passivsaldo.

Die Aufteilung der 76 Luftseilbahnunternehmen mit Passivsaldo nach Grössenklassen, ergibt folgendes Bild:

Passivsaldo 1972	Anzahl Luftseilbahnunternehmen
mehr als 1 Mio Fr.	7
500'000 Fr. bis 1 Mio Fr.	4
100'000 Fr. bis 499'000 Fr.	37
1 bis 99'000 Fr.	28
	76

Die Aufteilung der defizitären Luftseilbahnen nach der Grösse ihres Passivsaldos zeigt ein sehr differenziertes Bild. Nur

1) Pfund C., Verkehrspolitische Probleme - Konzessionierungs- und Bewilligungspraxis, a.a.O., Seite 6.

11 Unternehmen weisen in der Schweiz einen Passivsaldo auf, der grösser als 500'000 Franken beträgt. Als äusserst kritisch muss zweifellos die Situation der 7 Unternehmen bezeichnet werden, deren Defizit im Jahre 1972 mehr als 1 Mio Franken beträgt.

Tabelle 20: Luftseilbahnen 1972 mit Passivsaldo > 1 Mio Franken

Name des Unternehmens	Passivsaldo 1972 in Mio Fr.	Jahr der Betriebseröffnung/-erweiterung
Moléson-Village-Le Moléson/-Vudalla	1,85 Mio	1963/64
Col-du-Pillon-Glacier des Diablerets	2,25 Mio	1963/64
Anzère-Pas-de-Maimbré	2,70 Mio	1965/70
L'Aminona-Petit-Mont-Bonvin	1,29 Mio	1969
Reusch-Cab.-des-Diablerets-Olden-Oldenegg	1,08 Mio	1963/64
Trübsee-Kleintitlis	1,47 Mio	1965/67
Glaris-Rinerhorn	1,46 Mio	1969
Total	12,1 Mio	

Quelle: Eigene unveröffentlichte Berechnungen aufgrund der Schweizerischen Verkehrsstatistik

In Abschnitt 3.75 werden wir anhand von ausgewählten Beispielen auf einige der oben erwähnten Unternehmen nochmals zurückkommen. An dieser Stelle sei lediglich festgehalten, dass 7 von 76 defizitären Unternehmen 12 Mio, d.h. 50 % des gesamtschweizerischen Passivsaldos verursachen. Finanzielle Sanierungen werden bei diesen Bahnen auf die Dauer nicht zu umgehen sein. Mit Ausnahme von L'Aminona-Petit-Mont-Bonvin und Glaris-Rinerhorn handelt es sich durchwegs um Luftseilbahnen, die bereits in den Jahren 1963 bis 1965 erstellt worden sind, also um verhältnismässig "alte" Anlagen.

99 Luftseilbahnunternehmen haben im Jahre 1972 einen Aktivsaldo von 15,1 Mio erzielt. Nur 2 Unternehmen (Zermatt-Schwarzsee/ Trockener Steg und Celerina-Saluver) weisen einen kumulierten Aktivsaldo auf, der mehr als 1 Mio Franken beträgt.

Aktivsaldo 1972	Anzahl Luftseilbahnunternehmen
mehr als 1 Mio Fr.	2
500'000 Fr. bis 1 Mio Fr.	6
100'000 Fr. bis 499'000 Fr.	30
1 bis 99'000 Fr.	61
	99

Rund zwei Drittel der 99 Luftseilbahnunternehmen weisen im Jahre 1972 einen Aktivsaldo auf, der weniger als 100'000 Franken beträgt. Ihr finanzielles "Polster" ist sehr gering und dürfte in der Regel kaum ausreichen, um allfällige Ersatzinvestitionen vornehmen zu können.

Ob und inwieweit das bereits mehrmals erwähnte Alter der Bahnen als bestimmender Faktor für die Erzielung von Aktiv- und Passivsalden angesehen werden kann, zeigt die nachfolgende Uebersicht:

	Aktivsaldo in Mio Fr.	Passivsaldo in Mio Fr.
Im Zeitraum 1968 - 1972 neu erstellte Luftseilbahnen:	0,3 (7)[1]	6,2 (21)
Im Zeitraum 1968 - 1972 erweiterte bzw. erneuerte Luftseilbahnen :	4,0 (25)	4,5 (6)
zusammen	4,3 (32)	10,7[2] (27)

1) Zahlen in Klammern bedeuten Anzahl Luftseilbahnunternehmen

2) pro memoria: Passivsaldo aller Luftseilbahnen in der Schweiz im Jahre 1972: 24,4 Mio Franken.

Die Vermutung, wonach es sich bei den defizitären Luftseilbahnunternehmen zu einem beträchtlichen Teil um neu erstellte oder in letzter Zeit erneuerte bzw. erweiterte Bahnen handle[1]) bedarf u.E. (wie schon früher erwähnt) einer differenzierteren Betrachtung. Im Zeitraum 1968 bis 1972 sind in der Schweiz 28 Luftseilbahnunternehmen neu entstanden, wovon nur deren 7 einen in seiner Höhe bescheidenen Aktivsaldo zu erzielen vermocht haben, während die übrigen 21 Unternehmen defizitär sind.

Ein Blick auf die Finanzlage der 6 defizitären Luftseilbahnunternehmen im Vorjahr ihrer Erweiterung ergibt folgendes erstaunliches Resultat:

- 3 Unternehmen (Haute-Nendaz-Tracouet, Beckenried-Klewenalp und Chur-Brambrüsch-Hühnerköpfe) verzeichnen im Vorjahr einen bescheidenen Aktivsaldo von insgesamt 25'000 Franken. Ihre in der Bilanz ausgewiesenen Reserven betragen lediglich knapp 100'000 Franken. Zur Sicherstellung der getätigten Investition waren demnach keine ausreichenden Eigenmittel vorhanden, so dass entweder eine Aufstockung des Aktienkapitals und/oder Erhöhung des Fremdkapitals erfolgen musste.
- Die verbleibenden 3 Luftseilbahnunternehmen weisen bereits im Vorjahr der Erweiterung einen Passivsaldo auf:

Anzère-Pas-de-Maimbré	:	ca. 1,8	Mio Franken
Sunnegga-Unterrothorn	:	ca. 0,23	" "
Curtinatsch-Piz Lagalb	:	ca. 0,26	" "

Der kumulierte Passivsaldo dieser 3 Luftseilbahnunternehmen beträgt im Jahre 1972 bereits 3,8 Mio Franken!

1) Der Bund, Mehr als 1/3 aller Schweizer Seilbahnen ist defizitär: in: Der Bund Nr. 28 vom 4.2.1973.

Gesamthaft kann man festhalten, dass die im Zeitraum 1968 bis 1972 neu erstellten Luftseilbahnen bzw. die neu gegründeten Unternehmen mit wenig Ausnahmen defizitär sind, dass hingegen diejenigen Unternehmen, welche im selben Zeitraum Erweiterungen bzw. Erneuerungen ihrer Anlagen vorgenommen haben, zu einem grossen Teil einen Aktivsaldo und nur wenige einen Passivsaldo aufweisen. Auf die Tatsache, dass in drei Fällen Gesuchen zur Erweiterung der Anlagen stattgegeben worden ist, obschon diese Unternehmen bereits zu diesem Zeitpunkt in roten Zahlen gesteckt haben, werden wir an späterer Stelle zurückkommen.

Abschliessend sei noch kurz auf den Aktiv- bzw. Passivsaldo der 75 Luftseilbahnunternehmen eingegangen, deren Aufwanddeckungsgrad im Jahre 1972 zwischen 100 und 120 % liegt (vgl. dazu Ausführungen unter 3.642). Von 2 Unternehmen sind in der Gewinn- und Verlustrechnung keine Angaben enthalten, so dass zur Einteilung nach Aktiv- und Passivsaldo noch 73 Luftseilbahnunternehmen verbleiben. Davon verzeichnen 48 einen Aktivsaldo von insgesamt 5,7 Mio, während die übrigen 25 Unternehmen defizitär sind (6,0 Mio Franken). Aus diesen Zahlen geht klar hervor, dass keine direkte Beziehung besteht zwischen Aufwanddeckungsgrad 100 - 120 % und Aktiv- bzw. Passivsaldo. Die Verhältnisse sind von Unternehmen zu Unternehmen derart verschieden, dass jegliche Ableitung diesbezüglicher Kennwerte mit allzu grossen Unsicherheiten verbunden und u.E. nicht statthaft ist.

3.74 Zusammenhang zwischen Auslastungsgrad und Finanzlage der Luftseilbahnunternehmen

3.741 Auslastungsgrad

In Abschnitt 3.5 haben wir die Vollauslastung der Luftseilbahnen (Anzahl Stunden, während derer die Kapazität aller Anlagen einer Region ausgeschöpft ist) aufgezeichnet und kritisch gewürdigt.

Wir haben an jener Stelle auf die weitere Erarbeitung von Nutzgrössen mit der Begründung verzichtet, dass die Auslastung der Luftseilbahnen als isolierte Grösse keine ausreichenden Anhaltspunkte zur Beurteilung der Finanzlage zu geben vermöge.

Der Auslastungsgrad (A_g) der Luftseilbahnen ist getrennt nach Saison für jedes einzelne Unternehmen nach folgender Formel berechnet worden:

$$A_g = \frac{\text{beförderte Personen/t}}{\text{Kapazität}^{1)}} \cdot 100 = ...\ \%$$

Basierend auf dem Auslastungsgrad der Luftseilbahnen für die Sommer- und Wintersaison ist hernach der Wert für das gesamte Jahr bestimmt worden[2]. Der durchschnittliche Auslastungsgrad aller Luftseilbahnen liegt im Jahre 1972 in der Schweiz bei 18 %. Dieser Wert hat sich seit 1968 nicht spürbar verändert. Der Durchschnittswert der einzelnen Regionen schwankt von 8 % (Region Jura) bis 23 % (Region Graubünden). Vollständigkeitshalber sei noch festgehalten, dass der Auslastungsgrad der Luftseilbahnen im Winter sowohl gesamtschweizerisch als auch regional um ein Mehrfaches über demjenigen der Sommersaison liegt.

---

1) - Kapazität Sommersaison:
  . für Umlaufbahnen: Betriebsstunden x Transportvermögen in einer Richtung je Stunde x 2 (Hin- und Rückfahrt)
  . Pendelbahnen: Betriebstage x 6 Betriebsstunden je Tag x Transportvermögen in einer Richtung je Stunde x 2 (Hin- und Rückfahrt)
- Kapazität Wintersaison:
  . Umlaufbahnen: Betriebsstunden x Transportvermögen in einer Richtung je Stunde
  . Pendelbahnen: Betriebstage x 6 Betriebsstunden je Tag x Transportvermögen in einer Richtung je Stunde

2) Eigene unveröffentlichte Berechnungen.

3.742 Auslastungsgrad und Finanzlage der Luftseilbahnen in den Regionen Wallis, Berner Oberland und Graubünden

Die Gesamtzahl der in den Grafiken 6 - 8 berücksichtigten Luftseilbahnunternehmen stimmt nicht in jedem Falle mit der in der Tabelle 17 festgehaltenen Anzahl Unternehmen überein. Einerseits werden pro Unternehmen in der Statistik zum Teil zwei Werte in der Gewinn- und Verlustrechnung ausgewiesen, die wir zusammengefasst haben, während andererseits einzelne Luftseilbahnunternehmen im Winter als Skilifte betrieben werden, wodurch die Vergleichbarkeit mit anderen Luftseilbahnunternehmen nicht mehr statthaft ist.

Kommentar zu Grafik 6:

- Die Streuung der einzelnen Werte sowohl hinsichtlich des Auslastungsgrades als auch des Aktiv- bzw. Passivsaldos ist in der Region Wallis sehr ausgeprägt.
- Von 21 Luftseilbahnunternehmen, die im Jahre 1972 einen Passivsaldo verzeichnen, sind deren 14 bereits vor 1968 eröffnet und im Zeitraum bis 1972 weder erneuert noch erweitert worden. Diese weisen stark unterschiedliche Auslastungsgrade zwischen 10 % und 40 % auf.
- Mit einem steigenden Auslastungsgrad erfährt nicht unbedingt auch die Finanzlage des Unternehmens eine Verbesserung. So hat beispielsweise die Luftseilbahn Morgins-Le Corbeau (Nr. 219) mit einem Auslastungsgrad von 20 % einen Passivsaldo von 275'000 Franken, die Luftseilbahn Grimentz-Bendolla (Nr. 243) dagegen mit einer Auslastung von nur 10 % einen wesentlich tieferen Passivsaldo von 120'000 Franken.
- Ein Blick auf Unternehmen mit Aktivsaldo zeigt, dass beispielsweise die Luftseilbahn Les Croset-Pointe-de-Mosset (Nr. 222) einen Auslastungsgrad von nur 13 % hat und dennoch einen Aktivsaldo von 200'000 Franken ausweist.

Grafik 6: Auslastungsgrad (A_g) der Luftseilbahnunternehmen[1]) in Beziehung zu ihrem Aktiv- bzw. Passivsaldo, Region Wallis 1972

1) Die Ziffern entsprechen der Betriebsnummer (No.) der Schweizerischen Verkehrsstatistik

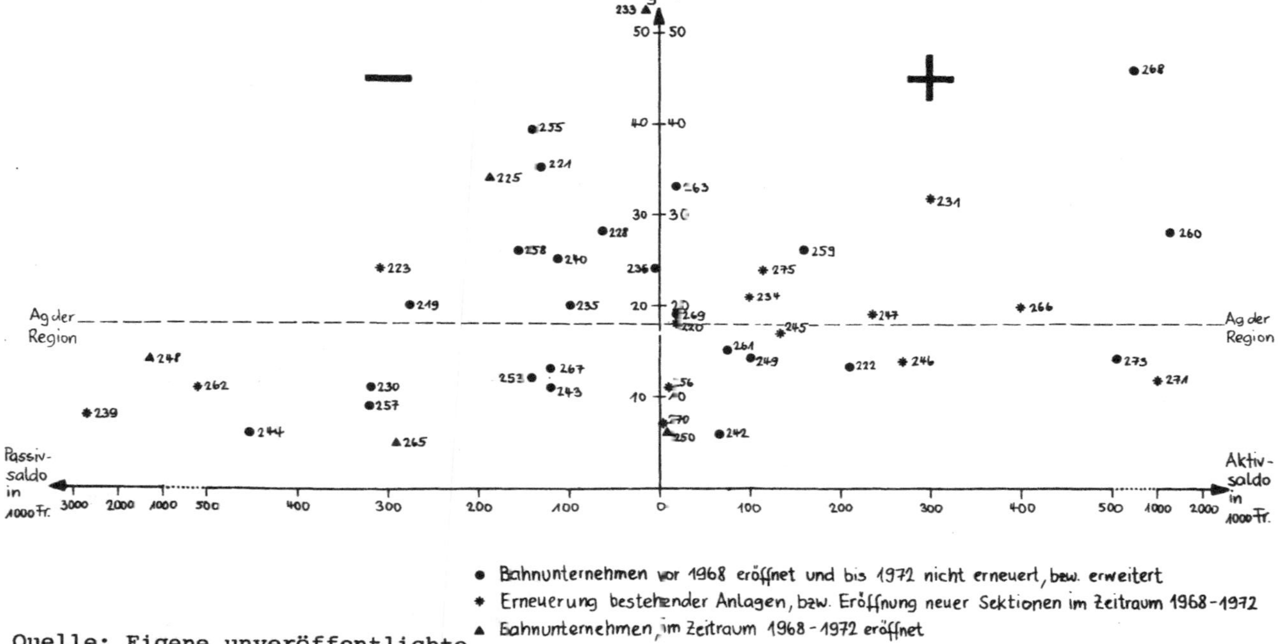

Quelle: Eigene unveröffentlichte Berechnungen aufgrund der Schweizerischen Verkehrsstatistik

- Von den 14 Luftseilbahnunternehmen, die im Zeitraum 1968 bis 1972 ihre Anlagen erneuert bzw. erweitert haben, verzeichnen nur deren drei einen Passivsaldo, während die übrigen bei stark unterschiedlicher Auslastung gewinnbringend sind.
- Nachteilig wirkt sich die tiefe Auslastung vor allem bei den Luftseilbahnen Anzère-Pas-de-Maimbré (Nr. 239) und Sunnegga-Unterrothorn (Nr. 262) aus mit 8 % bzw. 11 % und einem Passivsaldo von 2,7 Mio bzw. 700'000 Franken.
- 4 der 5 im Zeitraum 1968 bis 1972 neu eröffneten Luftseilbahnen weisen einen Passivsaldo auf, der in 3 Fällen bereits ein dermassen hohes Ausmass angenommen hat, dass es fraglich ist, ob diese Unternehmen in den nächsten Jahren in der Lage sein werden, aus den "roten Zahlen" herauszufahren.
- Der Auslastungsgrad aller Anlagen in der Region liegt knapp unter 20 %. 22 Luftseilbahnunternehmen weisen eine noch tiefere Auslastung auf, wovon deren 12 gleichwohl einen Aktivsaldo zu erzielen vermögen.

Bereits an dieser Stelle halten wir fest, dass kein direkt ersichtlicher Zusammenhang zwischen Auslastungsgrad und Finanzlage der Unternehmen besteht, d.h. dass kein bestimmter Auslastungsgrad als Grundvoraussetzung für das Erzielen einer Rentabilität postuliert werden kann.

Kommentar zu Grafik 7:

- Im Vergleich zur Region Wallis ist die Streuung der Werte der einzelnen Luftseilbahnunternehmen in der Region Berner Oberland sowohl horizontal als auch vertikal weit geringer. 17 von 25 Luftseilbahnunternehmen liegen im Bereich zwischen Passivsaldo - 100'000 Franken und Aktivsaldo + 100'000 Franken. Als Extremwerte sind auf der Passivseite 3 Unternehmen zu nennen, die bereits vor 1968 eröffnet und seither weder erneuert noch

Grafik 7: Auslastungsgrad (A_g) der Luftseilbahnunternehmen[1] in Beziehung zu ihrem Aktiv- bzw. Passivsaldo, Region Berner Oberland 1972

1) Die Ziffern entsprechen der Betriebsnummer (No.) der Schweizerischen Verkehrsstatistik

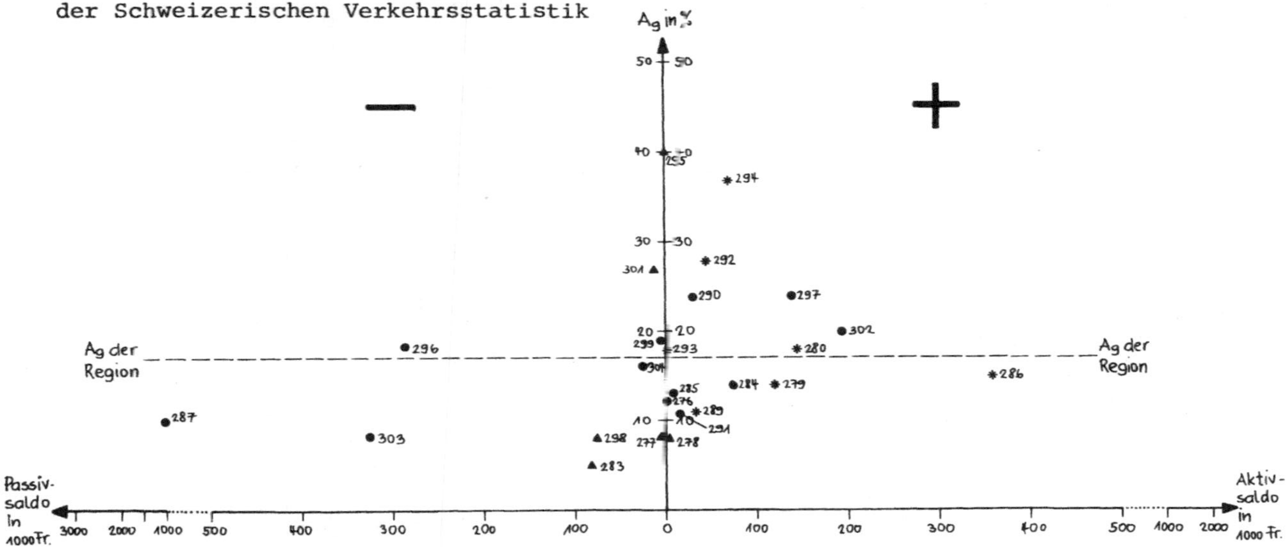

- ● Bahnunternehmen vor 1968 eröffnet und bis 1972 nicht erneuert, bzw. erweitert
- ✱ Erneuerung bestehender Anlagen, bzw. Eröffnung neuer Sektionen im Zeitraum 1968-1972
- ▲ Bahnunternehmen, im Zeitraum 1968 - 1972 eröffnet

Quelle: Eigene unveröffentlichte Berechnungen aufgrund der Schweizerischen Verkehrsstatistik

erweitert haben. Es sind dies: Reusch-Cabane-des-Diablerets/ Olden-Oldenegg (Nr. 287), Stechelberg-Mürren-Birg-Schilthorn (Nr. 296)[1] und Grindelwald-Pfingstegg (Nr. 303). Auf der Aktivseite hebt sich lediglich die Luftseilbahn Gstaad-Eggli/ Vordereggli mit einem Aktivsaldo von rund 360'000 Franken positiv von den übrigen Luftseilbahnunternehmen ab.

- 12 von 25 Luftseilbahnunternehmen sind vor 1968 eröffnet worden und haben ihre Anlagen bis 1972 weder erweitert noch erneuert. 5 Unternehmen dieser Kategorie weisen einen Passivsaldo auf und Auslastungsgrade zwischen 8 % und 19 %, während die übrigen 7 Unternehmen - bei zum Teil höherem Auslastungsgrad - einen Aktivsaldo erzielt haben. Im Gegensatz zur Region Wallis fällt auf, dass die 3 Betriebe mit dem grössten Defizit relativ "alte" Bahnen sind.
- 7 Luftseilbahnunternehmen haben ihre Anlagen im Zeitraum 1968 bis 1972 erneuert oder erweitert. Alle verzeichnen einen Aktivsaldo und eine Auslastung zwischen 11 % und 37 %.

Kommentar zu Grafik 8:

- Die Streuung der Luftseilbahnunternehmen nach der Höhe des Auslastungsgrades und des Aktiv- bzw. Passivsaldos nimmt in dieser Region ein grosses Ausmass ein, wobei diese Feststellung insbesondere für die Aktivseite zutrifft.
- 12 Luftseilbahnunternehmen von insgesamt 27 sind bereits vor 1968 eröffnet und bis 1972 nicht erneuert bzw. erweitert worden. Deren 10 weisen einen Aktivsaldo auf und nur deren 2 einen allerdings geringen Passivsaldo von 20'000 bzw. 110'000 Franken.

1) Im Jahre 1973 Aktivsaldo von 230'000 Franken.

Grafik 8: Auslastungsgrad (A_g) der Luftseilbahnunternehmen[1] in Beziehung zu ihrem Aktiv- bzw. Passivsaldo, Region Graubünden 1972

[1] Die Ziffern entsprechen der Betriebsnummer (No.) der Schweizerischen Verkehrsstatistik

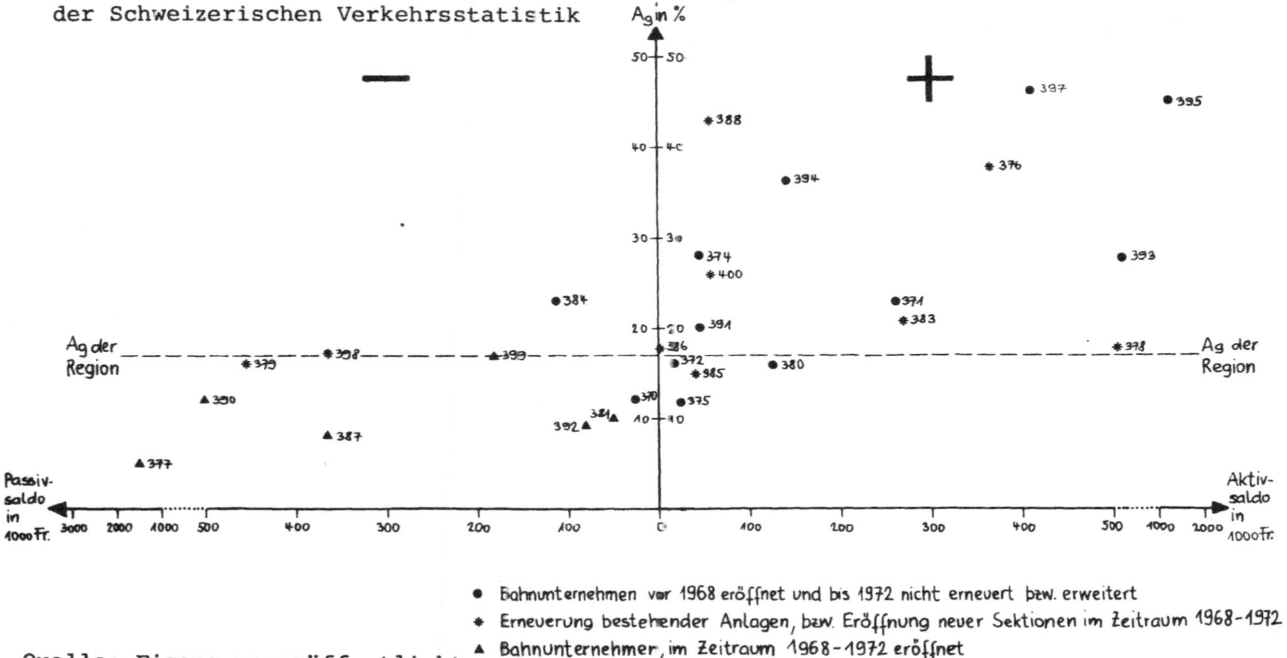

Quelle: Eigene unveröffentlichte Berechnungen aufgrund der Schweizerischen Verkehrsstatistik

- Bedeutend ungünstiger ist das Verhältnis bei den Luftseilbahnen, die im Zeitraum 1968 bis 1972 entweder neu eröffnet worden sind oder die in diesem Zeitraum eine Erneuerung/Erweiterung der bestehenden Anlagen vorgenommen haben. Alle 6 neu eröffneten Luftseilbahnunternehmen sind im Jahre 1972 defizitär, wobei deren 2 einen Passivsaldo von mehr als 500'000 Franken aufweisen (Glaris-Rinerhorn, Nr. 377 und Disentis-Piz Ault Nr. 390)[1]. Die Auslastung dieser beiden Luftseilbahnunternehmen liegt beträchtlich unter dem regionalen Durchschnitt von 22 %.

Aufgrund der Darstellung der Verhältnisse zwischen Auslastungsgrad und Finanzlage der Luftseilbahnen in den drei Regionen Wallis, Berner Oberland und Graubünden ist - wie bereits erwähnt - klar ersichtlich, dass keine direkten Zusammenhänge zwischen diesen beiden Grössen bestehen.

3.75 Exkurs: Detailanalyse ausgewählter Beispiele

Aufgrund einiger ausgewählter Beispiele defizitärer Luftseilbahnunternehmen der Regionen Graubünden und Wallis, die im Zeitraum 1968 bis 1972 entweder neu erstellt oder deren Anlagen in dieser Periode erweitert bzw. erneuert worden sind, werden wir mögliche Gründe aufzeigen, die u.a. dazu geführt haben, dass diese Unternehmen nicht rentieren.

---

1) 1973: Aktivsaldo von rund 20'000 Franken, dank Erzielung von 1,7 Mio "sonstige Erträge" (Rohertrag entbehrlicher Grundstücke und Liegenschaften).

3.751 Zwei Kategorien von Hauptgründen nicht rentierender Luftseilbahnen

Einleitend muss festgehalten werden, dass in der Regel nicht ein einzelner Grund dafür verantwortlich gemacht werden kann, dass eine Luftseilbahn die in sie gesetzten Erfolgserwartungen nicht zu erfüllen vermag. Vielmehr ist es eine Reihe ungünstiger und oft multiplikativ wirkender Faktoren, auf die die unerfreuliche Finanzlage vieler Luftseilbahnunternehmen zurückzuführen ist. Wir unterscheiden im folgenden zwei Kategorien von Hauptgründen, nämlich:

- Aufwand (aus Betriebsrechnung und Gewinn- und Verlustrechnung) höher als erwartet.
- Ertrag (aus Betriebsrechnung und Gewinn- und Verlustrechnung) kleiner als erwartet.

Aufwandseite: Hier handelt es sich oft um unrealistische Kostenschätzungen und Budgetierungen. So weichen beispielsweise die Kosten der Projektrechnung zum Teil beträchtlich von denjenigen der effektiven Baurechnung ab, d.h. die Bahnen sind viel teurer gebaut worden als ursprünglich angenommen, was u.a. zur Folge hat, dass die Abschreibungen einen höheren Betrag ausmachen, und dass mehr Zinsen für feste und laufende Verbindlichkeiten aufgewendet werden müssen. "So verschlang der Bau der Titlisbahn statt der budgetierten 6,9 schliesslich 15,5 Mio Franken, die Parpaner-Rothornbahn kam auf 5,6 statt der geplanten 3,3 Mio Franken zu stehen"[1].

---

1) Scheiwiller B., Jede sechste Schweizer Luftseilbahn arbeitet mit Defizit, a.a.O.

Ertragsseite: Der Hauptgrund, dass sich die Erfolgserwartungen nicht erfüllt haben, ist in den Fehlschätzungen der Frequenzen zu erblicken. Diese Fehlschätzungen haben ihrerseits wiederum verschiedene Ursachen, wie: Wenig geeignetes Skigebiet, unzureichendes Beherbergungsangebot, ungünstige Verkehrslage usw. In verschiedenen Fällen hat sich zudem die ursprüngliche Absicht, mit dem Verkauf von Eigentumswohnungen und Bauland die finanzielle Basis für den Bau von Anlageteilen der Luftseilbahnen sicherzustellen durch die vom Bund getroffenen konjunkturellen Einschränkungen (dringliche Bundesbeschlüsse des Jahres 1972) nicht realisieren lassen.

Je höher die Baukosten und je geringer der Verkehrsertrag und der Ertrag der anderen Transportbetriebe (Skilifte), Nebengeschäfte usw. um so ungünstiger wird zu Beginn der Inbetriebnahme der Luftseilbahnunternehmen das Verhältnis zwischen Aufwand und Ertrag, wodurch nicht zuletzt die Vornahme der zur Gewährung der Betriebssicherheit erforderlichen Abschreibungen in Frage gestellt ist.

3.752 Ausgewählte Beispiele der Regionen Graubünden und Wallis

- Glaris-Rinerhorn: (Region Graubünden)
  Das Gebiet des Rinerhorns liegt ungefähr 10 km von Davos entfernt und ist in sich geschlossen, d.h. es bestehen keine Verbindungen zu den anderen Skigebieten von Davos.
  Am 18. April 1969 ist die Konzession für eine Luftseilbahn Glaris-Rinerhorn vom 19. Februar 1964 aus finanziellen und politischen Gründen umgewandelt worden als Konzession für eine Sesselbahn. Die Gegenüberstellung einiger ausgewählter Posten

aus der Projektrechnung mit den Angaben des Geschäftsberichtes und der Schweizerischen Verkehrsstatistik 1972 zeigt folgende Abweichungen:

	Projekt	Geschäftsjahr 1972	
Baukosten:	3,6 Mio Fr.	Bilanzsumme (inkl.Skilifte)	13,2 Mio Fr.
Eigenkapital:	2,4 Mio Fr.	6 Mio Fr.	
Fremdkapital:	1,2 Mio Fr.	7,2 Mio Fr.	(4 Mio feste und 3,2 Mio laufende Verbindlichkeiten)
Frequenzen:			
1. Sektion:	245'000	157'000	(1970: 150'000 1971: 158'000)
2. Sektion:	100'000	nicht gebaut (Skilift)	
Personalaufwand	153'000 Fr.	360'000 Fr.	einschliesslich Skilifte
Sachaufwand	118'000 Fr.	440'000 Fr.	
ordentliche Abschreibungen	150'000 Fr.	514'000 Fr.	

Die in Betrieb stehenden Anlagen sind in ihrem Ausmass viel grösser dimensioniert als im ursprünglichen Projekt vorgesehen war (Bau von Skiliften). Die Bilanzsumme von 13,2 Mio Franken bedeutet annähernd eine Vervierfachung gegenüber den projektierten Baukosten. Des weitern ist ersichtlich, dass sich das Verhältnis von Eigenkapital zu Fremdkapital betriebswirtschaftlich sehr ungünstig gewandelt hat, indem - gegenüber dem Projekt - das Fremdkapital und damit auch die Zinsen um das Sechsfache erhöht worden sind. Die Frequenzen der 1. Sektion der Sesselbahn liegen jährlich rund um 100'000 unter der in der Erfolgsrechnung des Ingenieurbüros angenommenen Zahl.

Wie aus dem Geschäftsbericht des Jahres 1971 u.a. hervorgeht, kam in der 2. Etappe - nachdem in der 1. Etappe die Sesselbahn und ein Doppel-Skilift sowie das Bergrestaurant gebaut wurden - ein weiterer Doppel-Skilift hinzu. Erhebliche Mittel (d.h. auch Zinsbelastungen) mussten für die neuen Anlagen und Einrichtungen eingesetzt werden. Diese standen jedoch erst Anfang Dezember zur Verfügung, weshalb im Betriebsjahr noch kein Ertrag erwirtschaftet werden konnte. Die Gewinn- und Verlustrechnung weist demnach einen Passivsaldo auf von rund 660'000 Franken, der sich im wesentlichen aus dem Ueberschuss des Betriebsaufwandes der Bahn (Fr. 107'000), dem Reinverlust der Skilifte und des Restaurants (rund Fr. 150'000) und den Zinsen für laufende Verbindlichkeiten (Fr. 250'000)[1] zusammensetzt.

Im Laufe des Jahres 1972 wurden laut Geschäftsbericht erstmals Bankkredite in der Höhe von insgesamt 4 Mio Franken aufgenommen "einerseits um die noch angefallenen Ausbauten zu finanzieren, andererseits um auch die privaten Darlehen teilweise durch eine bankmässige Finanzierung abzulösen"[2]. Da die Frequenzen der Sesselbahn und der Skilifte nicht wesentlich gesteigert werden konnten, hat sich die Finanzlage des Unternehmens weiter verschlechtert. Neben dem Passivsaldo des Vorjahres sind in der Gewinn- und Verlustrechnung die folgenden Posten von Bedeutung: Ueberschuss des Betriebsaufwandes der Bahn ca. 160'000 Franken, Reinverlust der übrigen Skilifte und des Restaurants ca. 177'000 Franken, Zinsen für feste Verbindlichkeiten ca. 400'000 Franken. Der Passivsaldo des Rechnungsjahres beträgt rund 800'000 Franken, woraus ein kumulier-

1) vgl. dazu Schweizerische Verkehrsstatistik 1971, a.a.O., Seite 110 und 111.

2) vgl. dazu Jahresbericht 1972, Seite 2.

ter Passivsaldo von ca. 1,5 Mio Franken entsteht.

Auch im Jahre 1973 verzeichnet die Sesselbahn gemäss Geschäftsbericht wiederum keine Frequenzsteigerung, und die Skilifte haben die Zahl der beförderten Personen nur von 500'000 auf knapp 540'000 steigern können. Obschon auf den 1. Dezember die unumgängliche Preisanpassung vorgenommen worden ist und dadurch der Verkehrsertrag um rund 9 % gesteigert werden konnte, schliesst die Erfolgsrechnung im Geschäftsjahr 1973 mit einem Verlust von nahezu 1 Mio Franken ab. Der kumulierte Passivsaldo beträgt Ende 1973 rund 2,5 Mio Franken. Der Verwaltungsrat gibt dabei seiner Hoffnung Ausdruck, dass "die langwierigen Vorarbeiten zur Erstellung eines Ferienzentrums im Raume der Talstation zum Abschluss gebracht werden können. Unser touristisches Unternehmen ist auf eine minimale Bettenkapazität im engeren Einzugsgebiet angewiesen". (vgl. dazu Jahresbericht 1973, Seite VI). Diverse Strassenkorrekturen und Neubauten (Zügentunnel) sollen die Luftseilbahn Glaris-Rinerhorn näher an Mittelbünden und insbesondere an die Bernhardin-Route anschliessen.

Obschon die erzielten Frequenzen im ersten Betriebsjahr bereits weit unter den erwarteten Zahlen lagen, haben sich die Verantwortlichen für eine weitergehende Ausdehnung des Transportangebotes entschieden. Da zur Finanzierung desselben immer mehr Fremdkapital benötigt worden ist, weisen die Kapitalkosten ein immer höheres Ausmass auf und belasten die Gewinn- und Verlustrechnung zusehends stärker. Besonders nachteilig wirkt sich u.E. im vorliegenden Falle aus, dass bei der heute geltenden Konzessionierungspraxis nur die projektierte Sesselbahn vom Eidg. Amt für Verkehr einer Prüfung unterzogen worden ist, nicht jedoch das gesamte Ausbauprojekt (inkl. Skilifte, Restaurant usw.). Inwieweit die "Flucht nach vorn" Garant für die Verbesserung der unerfreulichen Finanzlage sein kann, bleibt vorerst abzuwarten. Das weitgehende Fehlen eines minimalen Beherbergungsangebotes im engeren Einzugsbereich der Bahn, sowie die ungünstige Verkehrslage der Luftseilbahn, sollen nach Ansicht der Initianten möglichst bald behoben werden. Nach einer gründlichen Prüfung des gesamten Ausbauprojektes durch eine zentrale Stelle hätte man vermutlich erkannt, dass die Erschliessung des Rinerhorns ohne gleichzeitige Erstellung eines minimalen Beherbergungsangebotes (dessen Bedarf und Dimensionierung im Rahmen der Kurortsplanung Davos erst noch hätte abgeklärt werden müssen) im unmittelbaren Einzugsbereich der Talstation kaum erfolgversprechend sein dürfte. Allein schon die nach dem 1. Betriebsjahr ersichtliche Fehlschätzung der Frequenzen hätte u.E. überdies für den Weiterausbau zur Vorsicht mahnen sollen.

- Luftseilbahn Villa-Hitzeggen: (Region Graubünden)
  Der Sesselbahn Villa-Hitzeggen, die am 24. Dezember 1970 den Betrieb aufgenommen hat, ist nur mit dem privaten Verkehrsmittel in einer Distanz von rund 10 km von Ilanz her erreichbar. Ein Zusammenschluss mit anderen Skigebieten wird aus topografischen Gründen auch in Zukunft kaum möglich sein.

  Die Gegenüberstellung der Projektannahmen mit den Ergebnissen im Betriebsjahr 1972 zeigt folgende Besonderheiten: (siehe Aufstellung Seite 111).

  Auffallend grosse Differenzen zwischen Projektannahmen und effektivem Zustand 1972 können erstens in den Baukosten erblickt werden (Abweichung rund 50 %). Zweitens sind in der Erfolgsrechnung der Betriebsaufwand um rund 60'000 Franken zu tief und der Verkehrsertrag um rund 200'000 Franken zu hoch eingesetzt worden. Anstelle des im ersten Betriebsjahr erhofften Reingewinnes von 45'000 Franken resultiert nach zwei Betriebsjahren bereits ein kumulierter Passivsaldo von

	Projekt	Geschäftsjahr 1972
Baukosten	ca. 1,6 Mio Fr.	ca. 2,3 Mio Fr.
Eigenkapital:	900'000 Fr.	ca. 1'500'000 Fr.
Fremdkapital:	650'000 Fr.	ca. 1'300'000 Fr.
Total :	1'550'000 Fr.	ca. 2'800'000 Fr.
Frequenzen:		
Sommer	3'500	6'000
Winter	80'000	59'000
Betriebsaufwand:	220'000 Fr.	277'000 Fr.
Verkehrsertrag:	300'000 Fr.	92'000 Fr.
Reingewinn:	45'000 Fr.	Passivsaldo: 366'000 Fr.!

mehr als 360'000 Franken (1973: 526'000 Franken), wodurch einmal mehr erwiesen ist, dass die von den Initianten und Projektverfassern mit den übrigen Konzessionsunterlagen eingereichte Erfolgsrechnung zum Teil beträchtlich von den tatsächlich erzielten Werten abweicht und als Entscheidgrundlage ungenügend ist.

Die Bewohner des Lugnez erhoffen sich von der neuen Bahn eine Intensivierung des Fremdenverkehrs und eine Verlängerung der Sommer- und Wintersaison. Hierbei ist zu bemerken, dass das Gesamtbettenangebot im Raume Lugnez (7 Gemeinden) rund 1'000 Einheiten beträgt, wovon lediglich etwas mehr als 100 auf die Hotellerie entfallen.

Die Luftseilbahn Villa-Hitzeggen steckt, wie oben ersichtlich, in finanziellen Schwierigkeiten, indem sie statt des erhofften Reingewinnes ein immer höheres Defizit ausweist. Da es sich praktisch um die einzige touristische Transportanlage im Raume Lugnez handelt, muss man u.E. die regional-wirtschaftlichen Aspekte in den Vordergrund stellen und die Bahn als Abrundung des bescheidenen regionalen touristischen Angebotes betrachten. Es wäre aber kaum realistisch, mit dieser Luftseilbahn eine spürbare Intensivierung des Fremdenverkehrs im Lugnez anzustreben. In der Nähe von Ilanz stehen dem Feriengast und Naherholer zahlreiche ausgebaute, bekannte und attraktivere Skigebiete als das Lugnez zur Verfügung.

- L'Aminona-Petit-Mont-Bonvin: (Region Wallis)
  Die Talstation der Luftseilbahn L'Aminona-Petit-Mont-Bonvin (Umlaufbetrieb, Kabinen) liegt einige Kilometer östlich des Fremdenverkehrsortes Montana am Fusse des in Entstehung begriffenen Appartement-Ferienortes Aminona[1]. Nach den Plänen der Promotoren für den Ausbau der Beherbergungsmöglichkeiten wird mit rund 10'000 Betten gerechnet. Zur Zeit verfügt Aminona im Appartementsektor erst über ein Bettenangebot von rund 300, d.h. es ist eine augenfällige Diskrepanz zwischen Transportvermögen (ab Talstation 600 Personen pro Stunde) und Beherbergungsangebot vorhanden. Die Talstation kann von Montana mit dem privaten Verkehrsmittel erreicht werden, doch gilt es zu bedenken, dass von Crans-Montana vier verschiedene Möglichkeiten bestehen, um in das Skigebiet Cabane-des-Violettes/ Bella Lui zu gelangen. Der Vergleich zwischen Projektannahmen und Realität 1972 fällt insoweit dahin, als die Konzessionierungsakten unvollständig sind.

  Neben der Luftseilbahn sind im Jahre 1969 noch vier Skilifte in Betrieb genommen worden. Im ersten Betriebsjahr resultierte

1) Fremdenverkehrsdienst des Eidg. Amtes für Verkehr, Luftseilbahnbericht 1972, wirtschaftlich-touristische Entscheidungsgrundlagen für eine objektive Konzessionierungspraxis bei Luftseilbahnen (Studienbericht), Bern, Dezember 1972, S. 64.

ein Reinverlust von ca. 180'000 Franken, obschon der Rechnungsabschluss von drei Skiliften positiv ausfiel. Wie aus dem Jahresbericht 1970 hervorgeht, musste die Talstation des Skiliftes Toula aus Gründen der Lawinensicherheit verlegt werden, was rund 112'000 Franken Kosten verursacht hat! Diese Versetzung wurde notwendig nach einer Studie des Institutes für Lawinenforschung Weissfluhjoch-Davos vom 13. Juli 1970. Im Betriebsjahr 1970 ist der Passivsaldo um rund 600'000 Franken angestiegen. Je zur Hälfte ist diese Zunahme auf den Ueberschuss des Betriebsaufwandes der Luftseilbahn sowie auf die ausserordentlichen Abschreibungen und Kapitalkosten zurückzuführen. Im Jahre 1971 hat sich die Finanzlage weiter verschlechtert (Passivsaldo: 1,29 Mio Fr.). Der Reinertrag der Skilifte und der Nebengeschäfte beläuft sich im Jahre 1971 nur auf knapp 90'000 Franken. Im Jahre 1972 stellen wir eine Konsolidierung der Finanzlage fest, indem der Passivsaldo nicht weiter angestiegen ist. Wie aus dem Jahresbericht 1973 hervorgeht, konnte der Passivsaldo dank den Reinerträgen der Skilifte auf 1,23 Mio reduziert und somit eine Konsolidierung des Luftseilbahnunternehmens - dies allerdings auf einer Höhe von über 1 Mio Passivsaldo - erreicht werden.

Die Luftseilbahn L'Aminona-Petit-Mont-Bonvin ist abseits vom ausgebauten Fremdenverkehrsort Montana ohne ausreichendes Beherbergungsangebot im unmittelbaren Einzugsbereich entstanden. Nach einer Phase stark defizitären Betriebes hat sich das Unternehmen nun soweit konsolidiert, dass der Passivsaldo leicht abgebaut werden konnte. Es gilt jedoch zu bedenken, dass die Skilifte im Raume der Bergstation Mont-Bonvin vom Skigebiet Cabane-des-Violettes leicht erreichbar sind. Um in dieses Skigebiet zu gelangen, muss daher nicht unbedingt die Basiserschliessungsanlage L'Aminona-Petit-Mont-Bonvin benützt werden.

Abschliessend sei nochmals darauf hingewiesen, dass im Raume Crans-Montana 4 verschiedene Luftseilbahnunternehmen mit Basiserschliessungsanlagen in das Skigebiet Cry d'Er/Bella Lui/ Cabane-des-Violettes führen, wobei diese gesamthaft im Jahre 1972 einen Aktivsaldo von rund 360'000 Franken ausweisen. Der in den Konzessionsunterlagen leider fehlende Bedürfnisnachweis für die Luftseilbahn L'Aminona-Petit-Mont-Bonvin hätte dieser Situation Rechnung tragen müssen.

3.753 Erwartete und realisierte Frequenzen einiger nicht rentierender Luftseilbahnen

Im voranstehenden Abschnitt haben wir festgestellt, dass die tatsächlich erzielten Frequenzen zum Teil beträchtlich von den in der Erfolgsrechnung angenommenen Zahlen abweichen. Bevor wir in einem nächsten Abschnitt kurz auf die Besonderheiten der Erfolgsrechnung eintreten, sei diese Feststellung anhand der nachfolgenden Beispiele von Luftseilbahnen, die zwischen 1968 und 1972 neu erstellt worden sind, noch untermauert.

In allen vier Beispielen liegt die Zahl der Frequenzen des Jahres 1972 in der im Vergleich zum Sommer dominierenden Wintersaison weit unter den in der Erfolgsrechnung angenommenen Werten. Nur 30 - 50 % der von den Initianten und Projekterstellern geschätzten Frequenzen sind im Jahre 1972 tatsächlich erzielt worden. Die viel zu hoch geschraubten Ertragsaussichten der Initianten und Projektersteller haben neben den Kostenüberschreitungen unweigerlich zur defizitären Lage der nachfolgend erwähnten Luftseilbahnunternehmen geführt.

	Typ	Frequenzen Projekt	Frequenzen 1972	Passivsaldo in Fr. 1972 (gerundet)
- Saas Fee-Hannig (W) (16.12.69)[1]	UK	So: 48'000 Wi: 173'000	47'000 79'000	290'000 Fr.
- Anzère-Pas-de-Maimbré (W)				
. Plan-des-Conches-Combe-de-Serin (25.12.70)	US	So: 40'000 Wi: 200'000	- 105'000	2'700'000 Fr.
. Les Rousses-Combe-de-Serin (25.12.70)	US			
. Les Rousses-Combe d'Hérémence (9.1.71)	US			
- Chur-Brambrüesch-Hühnerköpfe (GB)				400'000 Fr.
. (3 Sektionen 1957/1963)	P/UK/US			
. Hühnerköpfe-Furggabüel (25.12.69)	US	So: - Wi: 140'000	- 49'000	60'000 Fr.
- Curtinatsch-Piz Lagalb (16.3.63)	P			370'000 Fr.
Vallin-Pas-chüra (14.10.70)	US	So: - Wi: 90'000	1'000 54'000	

1) Datum der Betriebsaufnahme

3.754 Zur Erfolgsrechnung im besonderen

Der Dienst für Konzessionen und Strassentransporte des Eidg. Amtes für Verkehr fordert die folgenden Angaben und Unterlagen[1] zu Konzessionsgesuchen für Luftseilbahnen (Pendel- und Umlaufbetrieb), Sesselbahnen, Schlittenseilbahnen und Aufzügen:

- Ausführlicher Bericht, der ausser dem Bedürfnisnachweis noch Angaben über Zusammensetzung des Initiativkomitees, Firma und Sitz des Projektverfassers, technische Angaben über Länge,

1) Datierend vom 8. Februar 1957.

Höhenunterschied usw. enthalten muss.

- Beschreibung der Bauten und Einrichtungen, aus welcher die Bauart der Stationsgebäude, Maschinenanlagen usw. sowie der für den regelmässigen Dienst bestimmten Kabinensessel usw. hervorgeht.
- Taxis, die für die Beförderung von Personen und Gütern in Aussicht genommen sind.
- Finanzplan und Erfolgsberechnung nach bestimmtem Schema.
- Situationsplan.
- Längenprofil.
- Skizzen der Stationsanlagen, der Stützen und allfällig weiterer Kunstbauten.

In neuerer Zeit werden von einzelnen Inspektoren des Eidg. Amtes für Verkehr auch Angaben über den Stand der Orts- und Regionalplanung angefordert. Zur oben stehenden Aufzählung sei nur soviel bemerkt, dass diese von der technischen Seite her sicher befriedigen mag, dass hingegen wesentliche Punkte wie Bedürfnisnachweis und Erfolgsrechnung unzureichend geregelt sind. Hier sind verschiedene Lücken festzustellen. So fehlen u.a. verbindliche Richtlinien wie der Bedürfnisnachweis zu erfolgen hat. Betreffend Finanzplan und Erfolgsrechnung wird auf das folgende, vom Eidg. Amt für Verkehr vorgegebene, Schema verwiesen:

Kommentar zu Finanzplan und Erfolgsrechnung:

Zu 1. Investierung:

- Die Bauaufwendungen sind in einem speziellen Fragebogen detailliert aufzuführen. Sie umfassen 25 verschiedene Rubriken.

- Für die Nebenanlagen (Skilifte, Restaurant, Kiosk u.a.m.) ist nur ein Pauschalbetrag einzusetzen, der wegen fehlender

Finanzplan und Erfolgsberechnung

für das Projekt einer Luftseil- / Sessel- bahn

1. Investierung

a) Aufwendungen für Projektierung, Bauleitung Bauzinsen, Teuerungszuschläge	Fr.
b) Landerwerb, Durchfahrtsrechte, Zufahrtsstrassen, Parkplätze, bauliche Aufwendungen für Skipisten und Wanderwege, Pistenmaschinen	Fr.
c) Bauaufwendungen gemäss Ziffer 1-25 des Fragebogens	Fr.
d) Nebenanlagen (Skilifte, Restaurant, Kiosk usw.)	Fr.
Total Investierung	Fr.

2. Finanzierung*)

a) Eigenkapital	Fr.
b) Fremdkapital (Hypotheken und Darlehen)	Fr.
Total Finanzierung (gleicher Betrag wie unter Ziff. 1)	Fr.

3. Erfolgsberechnung

a) Grundlagen:

Anzahl Fahrgäste im Sommer		....	Personen
Anzahl Fahrgäste im Winter		....	Personen
Durchschnittstaxe (unter Berücksichtigung der Ermässigungen)			Fr.
Personalbestand:			
Luftseil- Sesselbahnbetrieb	ständiges Personal	....	Personen
	Aushilfspersonal	....	Personen
Skilifte	ständiges Personal	....	Personen
	Aushilfspersonal	....	Personen
Pisten- und Rettungsdienst	ständiges Personal	....	Personen
	Aushilfspersonal	....	Personen

b) Erträge:

Verkehrsertrag		Fr.
Güterverkehr		Fr.
Verkehrsertrag		Fr.
Nebenertrag		
Skilift	Fr.	
Restaurant usw.	Fr.	
Nebenertrag		Fr.
Total Erträge		Fr.

*) Das Eigenkapital hat in der Regel 2/3 der gesamten Investierung zu betragen.

c) Betriebsaufwand

Personalaufwand (Löhne und Gehälter, Nebenbezüge und Dienstkleider, Sozialaufwendungen)	Fr.
Allgemeine Aufwendungen (Verwaltungsbehörden, Beiträge, Steuern, Verkehrswerbung und Provisionen, Versicherungen und Schadenersatz, sonstige Aufwendungen)	Fr.
Sachbedarf (Pacht und Miete, Bürobedarf, Beleuchtung, Heizung und Reinigung, Wasser, sonstige Verbrauchsstoffe usw.)	Fr.
Energie und Treibstoffe für den Betrieb der Fahrzeuge	Fr.
Aufwendungen für den Unterhalt der Anlage	Fr.
Aufwendungen für Pisten- und Rettungsdienst	Fr.
Abschreibungen 4,5 % Durchschnittsansatz für Luftseilbahnen mit Pendelbetrieb 6 % Durchschnittsansatz für Luftseilbahnen mit Umlaufbetrieb und Sesselbahnen auf dem Anlagevermögen, ausgenommen auf dem Erwerbspreis für Grundstücke	Fr.
Total Betriebsaufwand	Fr.

d) Gewinn- und Verlustrechnung

Erträge gemäss lit. b	Fr.
Betriebsaufwand gemäss lit. c	Fr.
Ueberschuss des Betriebsertrages	Fr.
Zinsen auf Fremdkapital (.... %)	Fr.
REINGEWINN	Fr.

Ort und Datum:

Unterschriften

Der Konzessionsbewerber: des Projektverfassers:

detaillierter Angaben kaum auf die Richtigkeit hin geprüft werden kann. Von der Konzessionsbehörde wird er zur Beurteilung des Gesuches kaum berücksichtigt.

Zu 2. Finanzierung:

- Gemäss Anmerkung zum Schema hat das Eigenkapital in der Regel 2/3 der gesamten Investierung zu betragen. Die Durchsicht der Konzessionsakten hat ergeben, dass dies immer der Fall ist. Unsere Analyse einiger ausgewählter Luftseilbahnunternehmen hat jedoch gezeigt, dass das Verhältnis von Eigenkapital zu Fremdkapital insbesondere bei Luftseilbahnen mit Passivsaldo nicht mehr 2:1 lautet, da das Fremdkapital zum Teil sehr stark ausgedehnt worden ist. Das vom Eidg. Amt für Verkehr geforderte Verhältnis hat scheinbar eher theoretischen Charakter, indem in der Praxis in zahlreichen Fällen, ohne Massnahmen seitens der Konzessionsbehörde, davon abgewichen wird (vgl. dazu auch 3.82, Verhältnis zwischen Grundkapital und festen Verbindlichkeiten bei Luftseilbahnen).

Zu 3. Erfolgsberechnung:

- Wie wir im vorhergehenden Abschnitt erwähnt haben, liegt in den Frequenzschätzungen ein Hauptfehler der Erfolgsberechnungen. Es bestehen jedoch keine Angaben, wie die Anzahl Fahrgäste im Sommer und im Winter berechnet werden sollen und unseres Wissens wird die vom Konzessionsbewerber und dem Projektverfasser angenommene Anzahl Fahrgäste auch nicht auf ihre Stichhaltigkeit hin geprüft.
- Die Durchschnittstaxe ist gemäss Tarifordnung errechenbar.
- Der Personalaufwand, sowie die allgemeinen Aufwendungen und Sachbedarf sind in der Regel zuverlässiger kalkulierbar als der Verkehrsertrag, da Vergleichswerte ähnlich gelagerter Unternehmen herbeigezogen werden können.
- Für die Abschreibungen wird hier ein Durchschnittsansatz von

4,5 % bei Pendelbahnen und 6 % bei Umlaufbahnen gefordert, obschon die Teilkosten (Unterbau, Talstation, Parkplätze usw.) von Fall zu Fall ein sehr unterschiedliches Ausmass einnehmen können, weshalb die Fixierung eines durchschnittlichen Abschreibungssatzes problematisch ist.

- In der Gewinn- und Verlustrechnung sind die Erträge und der Betriebsaufwand einzutragen und daraus die Differenz zu bilden, wobei hier das Schema den Ersteller der Erfolgsrechnung geradezu verleitet, einen Ueberschuss des Betriebsertrages auszuweisen, indem der vorgedruckte Text dahingehend lautet. Vom Ueberschuss des Betriebsertrages werden die Zinsen auf dem Fremdkapital abgezogen und so resultiert nach Schema des Eidg. Amtes für Verkehr der Reingewinn.

Grundsätzlich möchten wir betonen, dass die Einforderung des Finanzplanes und der Erfolgsberechnung ein wesentlicher Bestandteil der Konzessionsunterlagen bilden muss. Gespräche mit Fachleuten haben unsere Meinung bestätigt, dass die Erfolgsberechnung vermutlich als Rückwärtsrechnung aufgestellt wird, in der am Schluss die notwendige Anzahl Fahrgäste resultiert, die eben erforderlich sind, um schliesslich einen Reingewinn erzielen zu können. In der Gewinn- und Verlustrechnung wird der Reingewinn, wie oben erwähnt, wie folgt berechnet:

Reingewinn = Erträge gemäss lit. b ./. Betriebsaufwand gemäss
lit. c ./. Zinsen auf Fremdkapital

Nach dem Glied Erträge gemäss lit. b aufgelöst, lautet diese Gleichung:

Reingewinn + Betriebsaufwand gemäss lit. c + Zinsen auf Fremdkapital = Erträge gemäss lit. b.

Die linke Seite dieser Gleichung ist bekannt, so dass der Posten Total Erträge durch die Addition der drei Glieder berechnet werden kann. Vom Posten Total Erträge kann der Nebenertrag subtrahiert werden, wodurch dann der effektive Verkehrsertrag verbleibt. Da die Durchschnittstaxe ohne grosse Schwierigkeiten zu ermitteln ist, können schliesslich die erforderlichen Frequenzen wie folgt berechnet werden:

Total Erträge ./. Nebenertrag = Verkehrsertrag : Durchschnittstaxe = Anzahl Frequenzen

Diese Rückwärtsrechnung möchten wir keineswegs als abwegig bezeichnen, bietet sie doch - vorausgesetzt, dass der Betriebsaufwand zuverlässig geschätzt werden kann - die einzige Möglichkeit, die gemäss Erfolgsrechnung effektiv notwendigen Frequenzen berechnen zu können. Im Anschluss daran muss jedoch der entscheidende Schritt noch folgen, indem die auf diese Weise ermittelte Anzahl Fahrgäste auf ihre Realisierbarkeit geprüft wird. Diese Ueberprüfung findet leider heute weder vom Konzessionsbewerber noch vom Projektverfasser statt. Das Eidg. Amt für Verkehr seinerseits verfügt über keine Kriterien zur Prüfung der Nachfrageerwartungen auf ihre Stichhaltigkeit. Ausgerechnet die für den wirtschaftlichen Erfolg eines Luftseilbahnunternehmens ausschlaggebenden Annahmen seitens der Initianten und Projektverfasser werden demnach von der Konzessionsbehörde grundsätzlich nicht begutachtet.

Durch Vergleiche mit bereits auf dem Markt etablierten touristischen Transportunternehmen, unter Berücksichtigung des im näheren Einzugsbereich vorhandenen Beherbergungsangebot und dessen Auslastung, sowie unter Einbezug der Naherholung scheint es uns durchaus möglich, die rechnerisch ermittelte Anzahl Fahrgäste auf ihre Realisierbarkeit hin zu untersuchen. Der Finanzplanung und Erfolgsberechnung wird von allen betroffenen Personen und Amtsstellen viel zu wenig Bedeutung beigemessen. Das Eidg. Amt für Verkehr seinerseits hat vermutlich von der Möglichkeit, mangelhafte oder unvollständige Gesuche zurückzuweisen, in der Vergangenheit zu wenig Gebrauch gemacht.

3.8 Bilanz der Luftseilbahnen

3.81 Einzelne Komponenten der Bilanz

Zum besseren Verständnis der nachfolgenden Ausführungen erläutern wir kurz die einzelnen Komponenten der Aktiven und Passiven. Wir beschränken uns dabei auf die Darstellung der Bilanzposten für das Jahr 1972:

Aktiven in Mio Fr.[1]		
- Anlagevermögen		
. Bilanzwert der Bahnen	387	
. Bilanzwert anderer Transportbetriebe und Nebengeschäfte	153[2]	
. unvollendete Bauten	38	
. Grundstücke, Liegenschaften, usw.	35	613
- Betriebsvermögen		62
- Zu tilgende Aufwendungen		6
- Passivsaldo		24
Total		705

Passiven in Mio Fr.[2]	
- Grundkapital	334
- Reserven und Rücklagen	32
- Feste Verbindlichkeiten	208
- Laufende Verbindlichkeiten	116
Total	705

1) Zahlen gerundet

2) davon andere Transportbetriebe (Skilifte) rund 85 Mio.

Kommentar:

- Aktiven:

  . Das Anlagevermögen der Luftseilbahnen beträgt im Jahre 1972 614 Mio oder rund 90 % der Aktiven. Neben dem Bilanzwert der Bahnen (387 Mio) fällt u.a. derjenige der übrigen Transportbetriebe (rund 85 Mio) und Nebengeschäfte (rund 68 Mio) ins Gewicht. Gesamtschweizerisch sind in Grundstücken, Liegenschaften usw. 35 Mio angelegt, wovon allein 9,3 Mio dem Unternehmen Disentis-Piz Ault zuzuschreiben sind.

  . Mit rund 62 Mio ist das Betriebsvermögen als zweitwichtigster Aktivposten zu bezeichnen. Es handelt sich hier mit Ausnahme der Materialvorräte um sogenannte "leicht realisierbares Geld": Kassa, Postcheck- und Bankguthaben, Wertschriften, Debitoren, Transitorische Aktiven u.a.m.

- Passiven:

  . Für unsere Belange sind in erster Linie die beiden Bilanzposten Grundkapital (Eigenkapital) und feste Verbindlichkeiten (Fremdkapital bestehend aus: Hypotheken, Darlehen) von Bedeutung, da sie die Bestandteile der Passiven bei Inbetriebnahme der Bahn bilden.

  . Die kurzfristig zu tilgenden laufenden Verbindlichkeiten (Bankschulden, Kreditoren, nicht eingelöste Coupons, transitorische Passiven u.a.m.) werden wir an späterer Stelle dem Betriebsvermögen - Aktivposten, der in seiner Höhe zum Auflösen der laufenden Verbindlichkeiten ausreichen sollte - gegenüberstellen.

  . Grundkapital und feste Verbindlichkeiten belaufen sich im Jahre 1972 zusammen auf rund 540 Mio oder knapp 80 % der Passiven. Das Verhältnis dieser beiden Grössen beträgt 334 Mio : 208 Mio oder rund 2/3 : 1/3. Damit entspricht das von den Luftseilbahnen in der Schweiz im Jahre 1972 gesamthaft ausgewiesene Verhältnis zwischen Eigenkapital und Fremdkapital der Aufteilung wie sie im Schema zur Erfolgsrechnung (vgl. dazu Seite 117) vom Eidg. Amt für Verkehr gefordert wird.

3.82 Verhältnis zwischen Grundkapital und festen Verbindlichkeiten

Unsere nachfolgenden Ausführungen geben Einblick in die regionalen und einzelbetrieblichen Abweichungen des im Betriebsjahr 1972 ausgewiesenen Verhältnisses zwischen Grundkapital und festen Verbindlichkeiten von demjenigen, wie es Projektverfasser und Konzessionsbewerber ursprünglich aufgrund der Erfolgsrechnung angenommen haben.

Kommentar zu Grafik 9:

- Das Verhältnis zwischen Grundkapital und festen Verbindlichkeiten variiert von Region zu Region zum Teil sehr stark und weicht in verschiedenen Regionen erheblich von der ursprünglich angenommenen Aufteilung der Finanzierung ab.
- Das Verhältnis zwischen Grundkapital und festen Verbindlichkeiten liegt bei den Luftseilbahnen in der Region Wallis durchwegs über dem gesamtschweizerischen Wert, was als positiv zu bewerten ist, da die Unternehmen dieser Region relativ weniger Mittel für Kapitalzinsen aufwenden müssen, als dies im Durchschnitt der Luftseilbahnen in der Schweiz der Fall ist.
- Auffallend hoch ist die Veränderung der prozentualen Anteile von Grundkapital und festen Verbindlichkeiten in den Regionen Jura, Waadt/Fribourg, Berner Oberland und Tessin:

Grafik 9: Luftseilbahnen, Verhältnis zwischen Grundkapital und festen Verbindlichkeiten 1960 und 1965-1972 nach Regionen

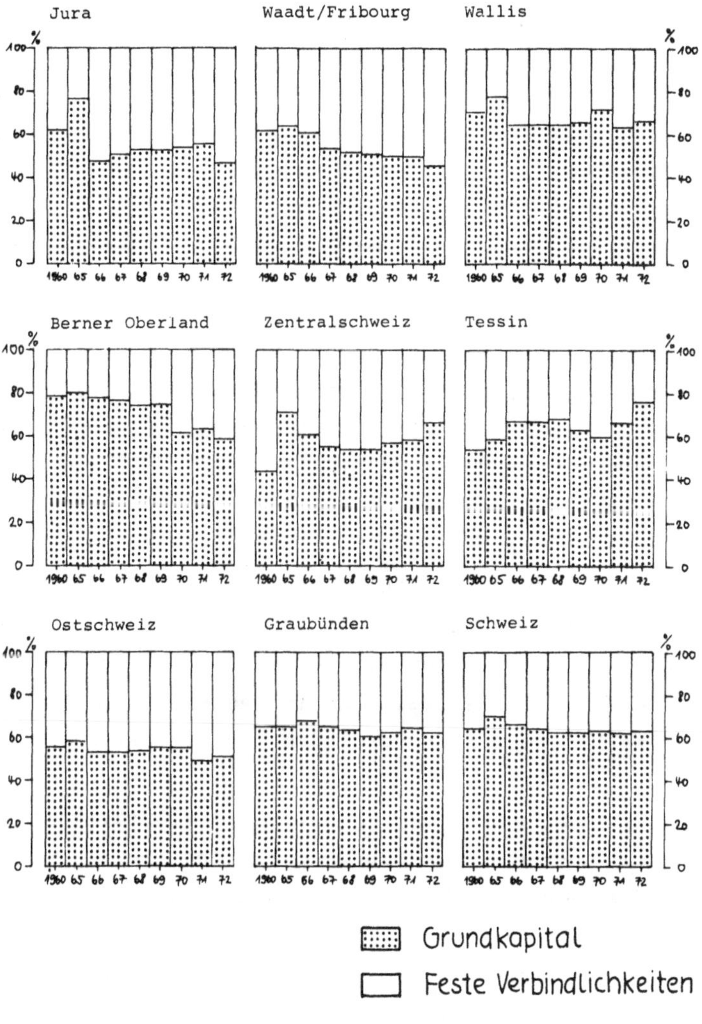

Quelle: Eigene unveröffentlichte Berechnungen aufgrund der Schweizerischen Verkehrsstatistik

Region	Grundkapital in % von Grundkapital und festen Verbindlichkeiten		
	1960	1972	Differenz
Jura	62 %	47 %	- 15 %
Waadt/Fribourg	62 %	46 %	- 16 %
Berner Oberland	79 %	59 %	- 20 %
Tessin	54 %	76 %	+ 22 %!!

Die relative Zunahme der festen Verbindlichkeiten gegenüber dem Grundkapital in den Regionen Jura, Waadt/Fribourg und Berner Oberland, ist angesichts der daraus resultierenden Erhöhung des Zinsendienstes negativ zu werten. Im Gegensatz zu diesen drei Regionen haben die Luftseilbahnen in der Region Tessin im Zeitraum 1960 bis 1972 den Anteil des Grundkapitals um über 20 % steigern können, was insofern als günstig bezeichnet werden kann, als die Verzinsung des Eigenkapitals im Gegensatz zu derjenigen der festen Verbindlichkeiten nicht verrechnet wird. Es bleibe dahin gestellt, ob dies den sonst üblichen betriebswirtschaftlichen Regeln entspricht.

Zur abschliessenden Würdigung der regional unterschiedlichen prozentualen Anteile von Grundkapital und festen Verbindlichkeiten ist die jeweilige wirtschaftliche Situation der Luftseilbahnunternehmen (Aktiv- bzw. Passivsaldo) herbeizuziehen. Im folgenden untersuchen wir daher die relative Aufteilung zwischen Grundkapital und festen Verbindlichkeiten einerseits bei Luftseilbahnen, deren kumulierter Passivsaldo mehr als 500'000 Franken beträgt und andererseits bei solchen, die einen kumulierten Aktivsaldo von mehr als 500'000 Franken aufweisen. Von den 11 Luftseilbahnen mit einem kumulierten Passivsaldo 1972 von mehr

Tabelle 21: Luftseilbahnen mit hohem Passivsaldo, Gegenüberstellung zum Verhältnis Grundkapital : feste Verbindlichkeiten

Luftseilbahn	Passivsaldo 1972	Grund-kapital (GK)	Feste Verbindlichkeiten (FV)	GK in % von (GK + FV)
	in 1000 Fr.	in 1000 Fr.	in 1000 Fr.	%
Buttes-La Robella (J)	510	760	760	50
Moléson-Village-Le Moléson/ Vudalla (W/F)	1 847	3 100	8 470	26
Col-du-Pillon-Glacier des-Diablerets (W/F)	2 251	4 200	6 168	40
Anzère-Pas-de-Maimbré (W)	2 698	2 500	-[1]	100
L'Aminona-Petit-Mont-Bonvin (W)	1 286	4 000	-[2]	100
Sunnegga-Unterrothorn (W)	710	5 600	2 032[3]	73
Reusch-Cabane des Diablerets/ Olden-Oldenegg (BO)	1 076	5 000	1 280	79
Lungern Obsee-Schönbüel (Z)	593	1 300	2 442	34
Trübsee-Kleintitlis (Z)	1 465	8 500	7 586	52
Glaris-Rhinerhorn (GB)	1 458	6 000	4 000[4]	60
Disentis-Piz Ault (GB)	503	8 800	10 311[5]	46

1) Laufende Verbindlichkeiten: 1 351 000 Fr. zu 48 % durch Betriebsvermögen gedeckt
2) " " : 3 232 000 Fr. zu 4 % " " "
3) " " : 2 867 000 Fr. zu 7 % " " "
4) " " : 3 239 000 Fr. zu 16 % " " "
5) " " : 5 845 000 Fr. zu 43 % " " "

Quelle: Schweizerische Verkehrsstatistik 1972, a.a.O., Seite 116 ff.

als 500'000 Franken weisen deren 4 ein Verhältnis zwischen Grundkapital und festen Verbindlichkeiten auf, das über dem gesamtschweizerischen Durchschnittswert liegt. In allen 4 Fällen sind es demnach nicht die Kapitalzinsen, die zur wirtschaftlich schlechten Situation der Bahn namhaft beigetragen haben, sondern u.a. der Ueberschuss des Betriebsaufwandes der Bahn und der Reinverlust anderer Transportbetriebe und Nebengeschäfte. Die detaillierte Einsicht in die Bilanzen der Luftseilbahnunternehmen Anzère-Pas-de-Maimbré, L'Aminona-Petit-Mont-Bonvin und Sunnegga-Unterrothorn zeigt, dass diese Unternehmen sehr hohe laufende Verbindlichkeiten aufweisen, die durch das Betriebsvermögen nur zu 48 % bzw. 4 % und 7 % gedeckt sind. Die kurzfristige Realisierung der laufenden Verbindlichkeiten aus eigenen Mitteln ist somit unmöglich. Neben dem Konkurs des Unternehmens im Zeitpunkt der Fälligkeit der laufenden Verbindlichkeiten besteht die Wahl zwischen den beiden folgenden Alternativen: Aufstockung des Grundkapitals oder Erhöhung der festen Verbindlichkeiten (Hypotheken, Bankdarlehen). Inwieweit bei den Aktionären dieser drei Luftseilbahunternehmen die Bereitschaft vorhanden ist, weitere finanzielle Mittel zur Ueberbrückung der Finanzkrise zur Verfügung zu stellen, kann hier lediglich als Frage aufgeworfen werden. Die Erhöhung der festen Verbindlichkeiten um den Betrag der laufenden Verbindlichkeiten bewirkt eine Zunahme des Zinsendienstes und - sofern dieser nicht durch gesteigerte Frequenzen "erwirtschaftet" werden kann - eine weitere Erhöhung des Passivsaldos. Es handelt sich hier gewissermassen um einen Teufelskreis, aus dem die oben aufgeführten Luftseilbahnunternehmen nurmehr schwerlich werden ausbrechen können.

4 Luftseilbahnunternehmen (ohne Ortserschliessungsbahnen und solche, die im Winter als Skilifte betrieben werden) verfügen im Jahre 1972 über einen kumulierten Aktivsaldo von mehr als 500'000 Franken.

Der relative Anteil des Grundkapitals ist durchwegs sehr hoch, in zwei Fällen (Surley-Silvaplana-Corvatsch und Celerina-Saluver) beträgt er sogar 100 %, was bedeutet, dass diese beiden Luftseilbahnunternehmen in der Gewinn- und Verlustrechnung auf-

Tabelle 22: Luftseilbahnen mit hohem Aktivsaldo, Gegenüberstellung zum Verhältnis Grundkapital : feste Verbindlichkeiten

Luftseilbahn	Aktivsaldo 1972	Grund-kapital (GK)	Feste Verbindlich-keiten (FV)	GK in % vom (GK+FV)
	in 1000 Fr.	in 1000 Fr.	in 1000 Fr.	%
Zermatt-Schwarzsee-Trockener Steg (W)	1 313	6 500	1 100	85
Arosa-Hörnli-Weisshorn Mittl. Hütte-Brüggerhorn (GB)	599	5 250	2 537	67
Surley-Silvaplana-Corvatsch (GB)	673	6 000	-	100
Celerina-Saluver	1 195	2 400	100	100

Quelle: Schweizerische Verkehrsstatistik 1972, a.a.O., Seite 116 ff.

wandseitig keine Belastung durch Kapitalzinsen erfahren.

Die "gesunde Basis" der Finanzierung von Luftseilbahnen steht in direktem Zusammenhang mit der wirtschaftlichen Situation der Unternehmen. Der Rückgang des relativen Anteils des Grundkapitals und demzufolge die Zunahme desjenigen der festen Verbindlichkeiten haben zu einer namhaften Steigerung der Zinsenlast bzw. der Verschuldung geführt. Im Verlaufe der Expansionstätigkeit ist von vielen Unternehmen vom Grundsatz, wonach die durch Erhöhung des Fremdkapitals anfallenden Zinsen "erwirtschaftet" werden müssen, abgewichen worden. Der Versuch, defizitäre Luftseilbahnen durch eine weitere Erhöhung der festen Verbindlichkeiten retten zu wollen, dürfte sich als Trugschluss erweisen, denn einerseits steigen dadurch die Kapitalzinsen erneut und belasten die Aufwandseite der Gewinn- und Verlustrechnung noch stärker und andererseits müssen die festen Verbindlichkeiten (z.B. Darlehen) zu einem späteren Zeitpunkt ebenfalls abgelöst werden.

3.83 Verhältnis zwischen Betriebsvermögen und laufenden Verbindlichkeiten

Nachdem wir im vorangehenden Abschnitt vor allem die langfristigen Finanzierungsfragen beleuchtet haben, betrachten wir hier den kurzfristigen Bereich, nämlich die disponiblen Aktiven (Betriebsvermögen) und die fälligen Passiven (laufende Verbindlichkeiten). Ein allgemein gültiger Grundsatz, wie er vom Eidg. Amt für Verkehr formuliert worden ist, besagt, dass die laufenden Verbindlichkeiten nicht höher sein sollten als das zu ihrer Deckung zur Verfügung stehende Betriebsvermögen. Reicht dieses in seiner Höhe nicht aus, um die Realisierung der laufenden Verbindlichkeiten gewährleisten zu können, so muss zur Finanzierung - wie unter 3.82 ausgeführt - entweder eine Erhöhung des Aktienkapitals oder der festen Verbindlichkeiten ins Auge gefasst werden.

Das Verhältnis zwischen Betriebsvermögen und laufenden Verbindlichkeiten aller Luftseilbahnen in der Schweiz lautet 1972 wie folgt:

Betriebsvermögen	61,6 Mio Fr.
laufende Verbindlichkeiten	116,4 Mio Fr.
Differenz	- 54,8 Mio Fr.

Die durch das Betriebsvermögen nicht gedeckte Differenz von rund 55 Mio Franken im Jahre 1972 (seit 1965 um 15 Mio angestiegen) mahnt zum Aufsehen. Tabelle 23 enthält die Luftseilbahnen der Region Wallis, deren laufende Verbindlichkeiten mehr als 1 Mio Franken betragen. Der Einbezug von Betriebsvermögen und Aktiv-/Passivsaldo dieser Unternehmen gestattet uns folgende Bemerkungen: Alle 12 Luftseilbahnen weisen ein Betriebsvermögen auf, das die laufenden Verbindlichkeiten nur zu einem kleinen Teil zu decken vermag. Nur 4 Unternehmen jedoch sind

Tabelle 23: Luftseilbahnen der Region Wallis, deren laufende Verbindlichkeiten mehr als 1 Mio Franken betragen

Luftseilbahn	Betriebs-vermögen	laufende Ver-bindlichkeiten > 1 Mio. Fr.	Aktivsaldo(+)/ Passivsaldo(-)
	Fr.	Fr.	Fr.
Télé-Verbier (W)	941 000[1)]	8 078 000	+ 301 000
Haute-Nendaz/Prarion-Tracouet (W)	393 000	2 767 000	+ 99 000
Anzère-Pas-de-Maimbré (W)	653 000	1 351 000	- 2 697 000
Crans-Montana (W)	578 000	2 082 000	+ 135 000
Zaumiau-Cabane-des-Violettes-Plaine Morte (W)	235 000	2 490 000	+ 237 000
L'Aminona-Petit-Mont-Bonvin (W)	139 000	3 232 000	- 1 286 000
Leukerbad/Albinenleitern-Rinderhütte (W)	652 000	1 090 000	+ 10 000
Sunnegga-Unterrothorn (W)	211 000	2 867 000	- 710 000
Saas Fee-Hannig (W)	43 000	1 816 000	- 289 000
Saas Fee-Längfluh/Plattjen-Felskinn (W)	424 000[2)]	1 464 000	+ 394 000
Betten-Bettmeralp-Schönboden (W)	658 000[3)]	1 744 000	+ 473 000
Fiesch-Eggishorn (W)	133 000	1 240 000	+ 116 000

1) Ersatzstücke, entbehrliche Grundstücke und Liegenschaften: 8 497 000 Fr.
2) Reserven und Rücklagen: 1 278 000 Fr.
3) " " " : 595 000 Fr.

Quelle: Schweizerische Verkehrsstatistik 1972, a.a.O., Seite 116 ff.

defizitär, die übrigen 8 verfügen über einen Aktivsaldo von 10'000 Franken (Leukerbad/Albinenleitern-Rinderhütte) bis 473'000 Franken (Betten-Bettmeralp-Schönboden). Bei Auflösung der laufenden Verbindlichkeiten durch Aufnahme von Fremdkapital dürften die zusätzlichen Kapitalkosten (durchschnittliche Passivzinsen von 7 % angenommen) eine starke Reduktion des Aktivsaldos der betreffenden Luftseilbahnen bewirken und den Passivsaldo der bereits defizitären 4 Unternehmen noch grösser werden lassen.

4. MASSNAHMEN FUER BESTEHENDE UND VORSCHLAEGE ZUR PROJEKTIERUNG VON LUFTSEILBAHNEN

4.1 Allgemeines

Soweit sich die hier vorgeschlagenen Massnahmen direkt aus den Erkenntnissen der Lageanalyse ergeben, können wir auf eine ausführliche Begründung derselben verzichten und uns auf Querverweise zur Lageanalyse beschränken. Ferner werden Massnahmen postuliert, die nicht explizit aus der Lageanalyse hervorgehen, uns jedoch ebenso begründet und notwendig erscheinen, sei es, dass sie zu einer möglichen Verbesserung der wirtschaftlichen Situation bestehender Unternehmen beitragen oder eine - im Vergleich zu heute - umfassendere und zutreffendere Beurteilung von Projekten (Neuanlagen, Erweiterungen, Erneuerungen) ermöglichen. Die Massnahmen werden getrennt behandelt nach

- bestehenden Luftseilbahnen und
- geplanten Luftseilbahnen.

Das Massnahmenbündel für bestehende Luftseilbahnen hat im wesentlichen sowohl für rentierende wie auch für defizitäre Luftseilbahnunternehmen uneingeschränkte Gültigkeit. Es geht hier vorab um die Verbesserung der Gesamtsituation des konstitutiven Angebotselementes "touristischer Transport". Unsere nachfolgenden Ausführungen - die explizit auf die Luftseilbahnen bezogen sind - können zum Teil sinngemäss auch auf die anderen Transportmittelarten angewendet werden.

Besondere Bedeutung kommt u.E. den Vorschlägen zur Erarbeitung und Beurteilung von Luftseilbahnprojekten zu. Diese sind in der Vergangenheit - wie früher erwähnt - erwiesenermassen oft ohne hinreichende Planung erstellt worden. Wir versuchen, Wege und Mittel aufzuzeigen, die Gewähr bieten, dass seitens der Initianten und Konzessionsbewerber im Zeitpunkt der Projektierung sorgfältigere und gründlichere Abklärungen vorgenommen werden. Dadurch wird dem dringlichen Postulat nach einer quantitativen und qualitativen Verbesserung der eingereichten Konzessionsgesuche gebührend Rechnung getragen.

Wir werden jeweils jene Person, Stelle oder Institution nennen, die u.E. die Initiative zur Lancierung der entsprechenden Massnahme ergreifen sollte, bzw. für die Durchführung schwergewichtig verantwortlich ist[1].

4.2 Massnahmen im Bereich der bestehenden Luftseilbahnen

In den beiden folgenden Unterabschnitten handelt es sich um eine stichwortartige Aufzählung der uns am wichtigsten erscheinenden Massnahmen, ohne dass Anspruch auf Vollständigkeit erhoben werden darf.

4.21 Von der Ertragslage unabhängige Massnahmen

Die hier aufgeführten Massnahmen weisen "Allgemeingültigkeit" auf, d.h. ihre Realisierung steht in keiner direkten Abhängigkeit zur Ertragslage des Unternehmens.

4.211 Unternehmungspolitik, Finanzanalyse

Die betriebswirtschaftlichen Grundsätze wie Optimierung des Ertrages, Minimierung des Aufwandes, strenge Budgetierung und

1) Vgl. auch: Krippendorf J., Annasohn K. und Schär U., Begründung und Vorschläge zu einer Neuorientierung der stadtbernischen Fremdenverkehrspolitik, Gutachten, verfasst im Auftrag des Gemeinderates der Stadt Bern, Sommer 1973, Seite 125.

Budgetkontrolle usw. sind nicht nur vorzusehen, sondern tatsächlich auch zu beachten. "Die Formulierung einer Unternehmungspolitik ist in industriellen Unternehmungen verbreitet, jedoch nicht in den eher gewerblichen Luftseilbahn-Gesellschaften"[1]. Die Festlegung von Unternehmungszielen muss u.E. in Zukunft vermehrt auch von den Verantwortlichen der Luftseilbahnen (Unternehmungsleitung, Verwaltungsrat, usw.) als Notwendigkeit anerkannt werden. Wir schliessen uns hier der Forderung von Fromer an, wonach sich Luftseilbahnunternehmen genau besinnen müssen, wo sie stehen, was sie wollen und mit welchen Mitteln sie diese Ziele erreichen möchten. Betriebs- und finanzwirtschaftlich von Bedeutung ist das Verhältnis zwischen Cash-Flow[2] und Investition, d.h. der "return on investment". Diese Angaben sind in der Schweizerischen Verkehrsstatistik nicht enthalten und werden von den Luftseilbahnunternehmen nur in Ausnahmefällen berechnet (z.B. Rothornbahn). Wenn auch dieses finanzwirtschaftliche Denken noch nicht sehr verbreitet ist, sollten die Verantwortlichen mindestens dem kurzfristigen Kapitalbereich (Betriebsvermögen und laufende Verbindlichkeiten) vermehrt Beachtung schenken. Eine allfällig sich ergebende Diskrepanz zwischen Betriebsvermögen und laufenden Verbindlichkeiten wäre zu analysieren und die Konsequenzen der möglichen Massnahmen gegeneinander abzuwägen (vgl. dazu 3.83).

---

1) Hotel-Revue, Neue Führungs- und Finanzierungsmethoden im schweizerischen Luftseilbahngewerbe, Interview mit L. Fromer, in: Hotel-Revue Nr. 2, 13. Januar 1972, Seite 8.

2) Nach Auffassung von Vertretern des Eidg. Amtes für Verkehr sollte der Cash-Flow als Betriebsergebnis plus Kapitalkosten plus Reservenbildung vor dem Zeitpunkt der Abschreibungen verstanden werden. Die Abschreibungen seien insofern nicht hineinzunehmen, als sie ja Zwangscharakter aufweisen. Nach Fromer entspricht der Cash-Flow dagegen dem Verkehrsertrag minus echte Ausgaben oder Reingewinn plus Abschreibungen.

Initiative und Durchführung:

- Initiative: Unternehmungsleitung, Verwaltungsrat, Kontrollstelle.
- Durchführung: Unternehmungsleitung.

4.212 Horizontale Kooperation

Die Zusammenarbeit auf horizontaler Ebene, d.h. zwischen einzelnen Luftseilbahnunternehmen eines Fremdenverkehrsortes ist heute weitgehend beschränkt auf gemeinsame Ausgabe von Abonnementen (Tages-, Wochenkarten usw.). Oft bietet jedoch gerade die Aufschlüsselung der Abonnementseinnahmen auf die einzelnen Seilbahn- und Skilift-Unternehmen Probleme: sie kann sogar zu Konflikten zwischen den einzelnen Unternehmern führen und die vorhandenen Ansätze zur Kooperation wiederum in Frage stellen[1]. Die Tatsache, dass das minimale Erfordernis nach Kooperationsbereitwilligkeit im Geltungsbereich von Abonnementen auch heute noch in verschiedenen Winterstationen nicht vollumfänglich vorhanden ist, wirkt sich zweifellos nachteilig auf den Benützer aus und könnte dem guten Image eines Ortes bzw. einer Region abträglich sein.

- Minimalforderung: Billet- und Abonnementsgemeinschaft innerhalb der einzelnen Kurorte und deren Umgebung (Beispiel: Billetgemeinschaft zwischen Gstaad/Saanen, Rougemont, Château d'Oex, Schönried, Saanenmöser und Zweisimmen).
- Ausdehnung der horizontalen Kooperation auf andere Zweige der Unternehmungsführung:

1) vgl. dazu auch Matti E., Aufschlüsselung von Abonnementseinnahmen aus touristischen Spezialverkehrsmitteln, schriftliche Examensarbeit am Forschungsinstitut für Fremdenverkehr der Universität Bern, 1974.

. Gemeinsame Werbung: Um gegenüber der potentiellen Nachfrage attraktiv wirken zu können, ist in Zukunft in noch vermehrterem Masse für die örtlichen oder regionalen Skigebiete und nicht für die verschiedenen Unternehmen zu werben. Dadurch dürften sich u.a. spürbare Einschränkungen im Werbeaufwand der einzelnen Luftseilbahnunternehmen ergeben.

. Gemeinsame Tarif- und Lohnpolitik: Nach dem Prinzip "gleiche Leistung - gleicher Lohn" sollte zwischen den verschiedenen Unternehmen eine Harmonisierung der Entlöhnung erfolgen. Dies gilt ebenso für Sozialleistungen und Teuerungszulagen. Falls die verschiedenen Luftseilbahn- und Skiliftunternehmen in einem Fremdenverkehrsorte keine allgemein gültigen Abonnemente anbieten, sind mindestens die Tarifgestaltung und -erhöhung zu koordinieren.

. Angleichung der Mahlzeiten- und Getränkepreise in den Verpflegungseinrichtungen der verschiedenen Skigebiete eines Kurortes bzw. einer Region.

. Gemeinsamer Einkauf und eventuell Lagerung von Nahrungsmitteln, Büromaterial, Materialvorräten u.a.m.

- Weitere mögliche Bereiche der Kooperation:

. Sekretariatspool: Durch die Zusammenlegung der Sekretariate der verschiedenen Unternehmen (oft nur Teilzeit-Angestellte) sind Einsparungen im Personal- und Sachaufwand (Miete, Büroeinrichtungen usw.) möglich.

. Personalpool: Eine flexible Diensteinteilung aufgrund eines Personalpools kann zur Personalkostensenkung beitragen[1)].

---

1) Hotel-Revue, Neue Führungs- und Finanzierungsmethoden im schweizerischen Luftseilbahngewerbe, a.a.O.

. Gegenseitige Abstimmung der Investitionstätigkeit: In der Vergangenheit hat die Eröffnung zusätzlicher Sektionen von Luftseilbahnen oder von Skiliften bestehender Unternehmen oft dazu geführt, dass die Konkurrenzunternehmen im gleichen Orte ihr Transportvermögen durch Erstellung neuer Anlagen ebenfalls zu steigern versucht haben. Nicht selten ist dadurch eine im Verhältnis zum Beherbergungsangebot übermässige Steigerung der Förderleistungen von Luftseilbahnen und Skiliften entstanden. Angesichts der wirtschaftlichen Unsicherheit und der hohen Baukosten erscheint es als ein Gebot der Stunde, dass Ausbauprojekte einzelner Unternehmen frühzeitig mit den Vertretern des übrigen touristischen Transportangebotes diskutiert und auf allfällige andere Ausbauprojekte abgestimmt werden.

- Initiative und Durchführung: Unternehmensleitung, Verwaltungsrat, Kur- und Verkehrsverein (Werbung).

4.213 Vertikale Kooperation

Unter vertikaler Kooperation verstehen wir hier die Zusammenarbeit zwischen Unternehmen des Sektors touristischer Transport und Unternehmen der übrigen Angebotselemente, insbesondere Beherbergungs- und Verpflegungsbetrieben.

- Gemeinsame Werbung und Verkauf: Voraussetzungen für erfolgversprechende Werbe- und Verkaufsanstrengungen ist die Definition der Zielgruppen (Alter, Kaufkraftklassen usw.). Diese bedingt die Erarbeitung von Leitbildern im Rahmen von Kurortsplanungen und setzt eine Marktbeobachtung voraus. "Jedenfalls muss dieser Bestimmung der Zielgruppen und der Ausrichtung der gesamten Politik auf diese Zielgruppen grösste Beachtung geschenkt werden"[1]. Eine Kausalität zwischen Umsatz und Werbung ist nur schwer nachweisbar. Das Image der touristischen Spezialverkehrsmittel - dem grosse Bedeutung beigemessen werden muss - steht in direktem Zusammenhang zum Image des Kurortes und wird nicht unwesentlich von diesem mitbestimmt. Die heute feststellbaren erfreulichen Ansätze zur Kooperation der Werbung zwischen Unternehmen des touristischen Transportes einerseits und dem Kurort (Verkehrsverein, Gemeindebehörde) andererseits sind weiter auszubauen[2]. Die Kooperation im Bereich der Werbung ermöglicht einen effizienteren Einsatz der von den verschiedenen Exponenten des Tourismus eingesetzten Werbemittel und bietet in der Regel Gewähr zur Erhöhung des Werbeeffektes.

- Initiative und Durchführung:

  . Initiative: Alle Exponenten des örtlichen (ev. regionalen) Fremdenverkehrs wie Hotellerie, Restaurants, Kurortseinrichtungen (Hallenbad, Kunsteisbahn usw.), Luftseilbahnen, Skilifte, Kur- und Verkehrsverein.

  . Durchführung: Kur- und Verkehrsverein.

- Package: Der Trend zu Package-Ferien ist namentlich im internationalen Sommertourismus unverkennbar. In den letzten Jahren sind auch Ansätze im Wintertourismus festzustellen, die sich in der Schweiz mit wenig Ausnahmen jedoch ausschliesslich auf die Vorsaison (Dezember-Skiwochen) beschränken. Nach Fromer treten Schwierigkeiten bei Package-Ferien dann auf, "wenn Hotels nicht den Bahnen oder Bahnen nicht den

1) Ad hoc-Kommission zum Studium einer Neukonzeption des VBO, Neukonzeption des Verkehrsvereins Berner Oberland (VBO), Februar 1972, Seite 9.

2) vgl. dazu auch Hotel-Revue, Neue Führungs- und Finanzierungsmethoden im schweizerischen Luftseilbahngewerbe, a.a.O.

Hotels gehören"[1]. Inwieweit jedoch eine engere Zusammenarbeit zwischen der Hotellerie und den Unternehmen des touristischen Transportes mit entsprechender Kapitalverflechtung als zukünftige kooperative Angebotsform erfolgversprechend angestrebt werden soll, kann hier höchstens als Frage aufgeworfen werden. Die Voraussetzungen zur Realisierung der nachstehend aufgeführten Vorschläge für Package-Angebote sind u.E. grundsätzlich überall vorhanden.

. Weitergehender Ausbau der Package-Angebote zwischen Hotellerie und touristischen Transportunternehmen in der Vorsaison (Dezember-Skiwochen) und deren Ausdehnung auf das berüchtigte Januarloch und auf die Nachsaison.

  Initiative und Durchführung: Oertlicher Hotelier-Verein und Unternehmungsleitung der verschiedenen touristischen Transportunternehmen.

. Prüfen der Möglichkeit eines Package zwischen touristischen Transportunternehmen und Verpflegungseinrichtungen. Die Realisierung dieser neuartigen Form der Kooperation wäre u.E. in einer ersten Phase vor allem für die Wochenendskifahrer (Tagesgäste) ins Auge zu fassen. Das Package könnte einerseits neben der Benützung aller touristischen Transportanlagen eine Verpflegungsmöglichkeit im Skigebiet beinhalten und/oder eine solche in einem Restaurant des Kurortes (z.B. nach dem Skifahren, wodurch indirekt eine gewisse Staffelung des Rückreiseverkehrs erreicht werden könnte).

  Initiative und Durchführung: Oertlicher Wirteverein (ev. einzelne Betriebsinhaber) und Unternehmungsleitung der

1) Hotel-Revue, Neue Führungs- und Finanzierungsmethoden im schweizerischen Luftseilbahngewerbe, a.a.O.

touristischen Spezialverkehrsmittel.

- Package zwischen touristischen Spezialverkehrsmitteln und Unternehmen des öffentlichen Verkehrs (Schiene und Strasse). Von einzelnen Carunternehmen werden bereits heute Package's angeboten, die neben der Fahrt auch das Tagesabonnement der touristischen Spezialverkehrsmittel beinhalten. In Skigebieten, die mit dem öffentlichen Verkehrsmittel bequem (ohne mehrmaliges Umsteigen, Talstation in Nähe des Bahnhofes, bzw. Transport zwischen Bahnhof und Talstation gewährleistet) erreichbar sind, wäre das Angebot eines Package analog der Carunternehmen ebenfalls zu prüfen.

  Initiative und Durchführung: Schweizerische Bundesbahnen, Privatbahnen, Unternehmungsleitung der Seilbahnen und Skilifte, Kur- und Verkehrsverein.

4.214 Horizontaler Zusammenschluss

Der horizontale Zusammenschluss, d.h. die Bildung von Luftseilbahn-Holdinggesellschaften kann als Massnahme in Kurorten mit einer beschränkten Vielzahl von Luftseilbahnen und Skiliftunternehmen in Zukunft eine mögliche neue Unternehmensform darstellen. Obschon bei Realisierung der Massnahmen im Bereiche der horizontalen Kooperation viele Vorteile einer Fusion - bei gleichzeitiger Wahrung der Eigenständigkeit - erzielt werden können, scheint sich angesichts der zum Teil stark unterschiedlichen Rentabilitätsverhältnisse der verschiedenen touristischen Spezialverkehrsmittel innerhalb eines Kurortes ein engerer Zusammenschluss geradezu aufzudrängen. Dies gilt vor allem für Kurorte, die Transportanlagen unterschiedlichen "Alters" und, als Folge davon, stark divergierender Baukosten, Abschreibungen usw. aufweisen. Die aus dem Gesichtspunkt der Nachfrage unbedingt notwendige Harmonisierung der örtlichen und regionalen Tarifgestaltung ermöglicht es den "jungen" Bahnen in der

Regel nicht, die Kostenunterschiede (variable und fixe) durch vergleichsweise höhere Fahrpreise auszugleichen.

Als Vorstufe des horizontalen Zusammenschlusses der touristischen Transportunternehmen wäre u.E. die Gründung eines örtlichen bzw. regionalen Vereins der Seilbahn- und Skiliftunternehmen ins Auge zu fassen. Aufgaben und Zweck eines solchen Vereins könnten analog anderer Interessenvereinigungen (örtlicher Hotelier-Verein, Wirteverein usw.) definiert werden. Das Fehlen eines repräsentativen Gesprächspartners aus dem Sektor touristischer Transport wirkt sich heute nicht zuletzt bei Orts- und Regionalplanungen und bei der Erarbeitung touristischer Teilleitbilder im Rahmen des gesamtwirtschaftlichen Entwicklungskonzeptes für das Berggebiet nachteilig aus. Nicht selten weichen die Ansichten der verantwortlichen Unternehmungsleiter von Seilbahnen und Skiliften über Zukunftsaussichten, Ausbauprojekte usw. innerhalb eines Kurortes beträchtlich voneinander ab, was einerseits zu internen Konflikten führen kann und andererseits den mit der Planung Beauftragten zusätzliche Probleme schafft.

Initiative und Durchführung: Unternehmungsleitung, Verwaltungsrat.

4.215 Vertikaler Zusammenschluss

Zusammenschlüsse zwischen Unternehmen verschiedener Angebotselemente sind erstmals in den französischen Alpen feststellbar. "Mit der Forderung einer rechtswirksamen, institutionalisierten, koordinierenden, zentralisierten Projektleitung für neu entstehende Wintersportorte versuchte man in Frankreich schon recht früh, der heute weit verbreiteten Leitidee, dass ein Fremdenverkehrsort als "Unternehmung" aufzufassen sei und demzufolge auch entsprechend geführt werden müsse, nachzuleben[1].

Das Bedürfnis nach vertikalen Zusammenschlüssen besteht in den Kurorten des schweizerischen Berggebietes heute noch kaum. Das touristische Wachstum erfolgte grösstenteils kontinuierlich und im traditionellen Rahmen, d.h. basierend auf bereits bestehenden Siedlungen. Der Erfolg der sogenannten "Kurorte aus der Retorte" (Beispiele in der Schweiz: Anzère, Thyon 2000 usw.) ist heute noch ungewiss und die Erfahrungen noch zu kurzfristig, als dass sich allgemein gültige Schlussfolgerungen betreffend "wirtschaftlicher Lage" ziehen liessen.

4.22 Mögliche Massnahmen für Luftseilbahnen mit Passivsaldo

Die Rentabilitätsverhältnisse der Luftseilbahnen sind in den vergangenen Jahren zusehends ungünstiger geworden. 76 Unternehmen verzeichnen im Jahre 1972 einen kumulierten Passivsaldo von 24,5 Mio, dem nur 15 Mio kumulierter Aktivsaldo von 99 Unternehmen gegenüberstehen (vgl. 3.73).[2] Da viele Luftseilbahnen und Skilifte ohne ausreichende Vorabklärungen und ohne Rücksicht auf mahnende Stimmen erstellt worden sind, ist die zusehends unerfreulichere Entwicklung der Finanzlage die logische Folge dieser Handlungsweise. Geradezu unverständlich sind Konzessionserteilungen für Erweiterungsanlagen bereits bestehender defizitärer Luftseilbahnunternehmen.

---

1) Bonorand M., Zur Struktur und Problematik der touristischen Erschliessung des französischen Berggebietes, ein Beitrag zur Fremdenverkehrsplanung, Berner Studien zum Fremdenverkehr, hrsg. vom Forschungsinstitut für Fremdenverkehr an der Universität Bern und Frankfurt 1974, Seite 94.

2) Die finanzwirtschaftliche Situation hat sich im Jahre 1973 weiter verschlechtert: kumulierter Passivsaldo 31,1 Mio, kumulierter Aktivsaldo 17,5 Mio.

Die Missachtung betriebswirtschaftlicher Grundsätze bei der Planung und Führung von Luftseilbahnunternehmen wirkt sich negativ auf die Gesamtrechnung aus. Beim genaueren Betrachten der Jahresberichte gewinnt man den Eindruck, dass sich die Kontrollstellen der einzelnen Unternehmen zu wenig Rechenschaft geben über die Finanzlage, und Versuche einer Kostenrechnung meist ausbleiben.

In den folgenden Unterabschnitten werden zwei Massnahmen aufgezeigt, wobei die Sanierung als letztmögliche Massnahme betrachtet werden muss. Bei zusehends beschleunigt schlechter werdender Finanzlage ist jedoch zu empfehlen, eine Sanierung rechtzeitig und vor allzu grossem Substanzverlust zu ergreifen (Beispiel: Rothornbahnsanierung des Jahres 1965, nach erst zweijährigem Betrieb).

4.221 Anwendung des Direct Costing

Das Rechnen mit variablen und fixen Kosten ist u.a. in Amerika als "Direct Costing"[1] bekannt geworden. Vereinfacht ausgedrückt, handelt es sich um eine Aufschlüsselung der Kosten auf solche, die entstehen, wenn produziert wird und solche, die dem Unternehmen auch bei Stillegung des Betriebes anfallen. Auf die Problematik der Aufschlüsselung treten wir hier nicht näher ein.

Die Idee des "Direct Costing", auch Deckungsbeitragsrechnung genannt, kann wie folgt umschrieben werden: Ein Unternehmen

---

1) N.A.C.A. Research Report, Direct Costing. N.A.C.A. Research Series No. 23, New York 1953, zitiert in: Riebel P., Einzelkosten- und Deckungsbeitragsrechnung, Westdeutscher Verlag Opladen 1972, Seite 36 und 46 ff.

kann in Ausnahmefällen die Produktion seiner Güter oder Dienstleistungen dann aufnehmen bzw. fortsetzen, wenn zumindest die variablen (d.h. die mit der Erstellung direkt verbundenen) Kosten durch Erträge gedeckt sind, denn die fixen Kosten (Kapitalverzinsung usw.) entstehen unabhängig, ob produziert wird oder nicht. Im Normalfall muss jedoch eine Vollkostenrechnung angewendet werden, da sonst dauernd Verluste entstehen. Das folgende, stark vereinfachte Schema, zeigt diese Zusammenhänge noch deutlicher:

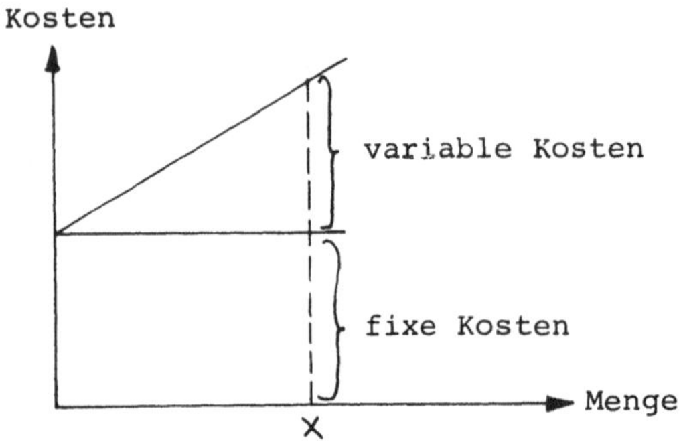

x = produzierte Menge des Gutes oder der Dienstleistung

Auf Luftseilbahnen angewendet bedeutet dies, dass der nach Saison aufgeteilten variablen und fixen Gesamtkosten der jeweilige Betriebsertrag gegenübergestellt wird. Beträgt er mehr als die variablen Kosten, jedoch weniger als variable und fixe Kosten zusammen, so entsteht ein Deckungsbeitrag an die fixen Kosten, d.h. betriebswirtschaftlich eine vergleichsweise günstigere Situation, als wenn der Betrieb eingestellt wird. Reicht der Betriebsertrag zur Deckung der variablen Kosten nicht aus, so entstehen zusätzlich zu den fixen Kosten Verluste, d.h. die Finanzlage wird bei Fortführung des Betriebes noch schlechter, als wenn man ihn stillegt.

Defizitäre Luftseilbahnunternehmen sollten sowohl für die Winter- wie auch für die Sommersaison eine Aufteilung der Kosten in variable und fixe vorzunehmen versuchen und ihnen den entsprechenden Betriebsertrag gegenüberstellen. Die Sesselbahn Innerwengen-Allmend zum Beispiel hat im Jahre 1974 ihren Sommerbetrieb eingestellt[1)], da in der Sommersaison des Vorjahres im Tagesmittel die Sesselbahn nur 69 Personen benützt haben, so dass auch bei rationellster Betriebsführung die direkten Kosten nicht gedeckt werden konnten. Der Entscheid des Verwaltungsrates zeugt von Weitsichtigkeit und Kostendenken, wie es oben dargelegt worden ist. Luftseilbahnunternehmen, deren Betriebsertrag im Sommer kleiner ist als die variablen Kosten, sollten eine Betriebsstillegung in Erwägung ziehen. Bevor der Entscheid dazu jedoch gefällt wird, ist der "Stellenwert" der in Frage stehenden Anlage innerhalb des Kurortes zu bestimmen. Falls sich die gesamtkurörtliche Attraktivität durch die Betriebsschliessung im Sommer nicht spürbar verändert und das Personalproblem (ganzjährig Angestellte) befriedigend gelöst werden kann, sind u.E. die aus betriebswirtschaftlicher Sicht sich aufdrängenden Konsequenzen zu ziehen. Würde jedoch durch eine Stillegung einer Luftseilbahn die Attraktivität eines Kurortes unverhältnismässig eingeschränkt, so ist im volkswirtschaftlichen Interesse der Betrieb auch in der unrentablen Saison fortzuführen. Dadurch entsteht ein echter Interessenkonflikt zwischen betriebs- und volkswirtschaftlichen Ueberlegungen, der die Frage nach der Abgeltung der "gemeinwirtschaftlichen" Transportleistung nach sich zieht. Die Differenz zwischen variablen Kosten und Betriebsertrag sollte als minimaler Kostenanteil von den Nutzniessern (Hotels, Verkehrsverein, Restaurants usw.) aufge-

1) gemäss Zeitungsmeldung "da" vom 25.6.74 im "Berner Tagblatt".

bracht werden und als Abgeltung dem bzw. den Transportunternehmen nach erfolgtem Nachweis aller getroffenen und zumutbaren Massnahmen zur Kosteneinsparung zufliessen. Der Anteil der einzelnen "Nutzniesser" und die Organisation dieser Zahlungen (z.B. Fond) können nicht Gegenstand unserer Untersuchung sein, erfordern sie doch von Fall zu Fall gründliche Abklärungen unter Berücksichtigung der spezifischen örtlichen Verhältnisse.

Initiative und Durchführung:

. Initiative : Unternehmungsleitung, Verwaltungsrat.

. Durchführung: Unternehmungsleitung, Hotellerie, Verkehrsverein usw.

4.222 Sanierung

Verschiedene Luftseilbahnunternehmen haben trotz verzweifelten Rettungsaktionen eine Sanierung nicht vermeiden können. Es handelt sich hier, wie einleitend erwähnt, um die letztmögliche Massnahme, die in der Regel das Vertrauen ins Luftseilbahngeschäft stark beeinträchtigt. Die beispielsweise im Jahre 1965 durchgeführte Sanierung der Rothornbahn in Lenzerheide ergab eine Herabsetzung des Aktienkapitals um 98 % und einen massiven Forderungsverzicht der Gläubiger[1]. So erstaunt es kaum, dass diese Bahn nachher zu Erfolgen geführt werden konnte. Unverständlich ist jedoch, wenn dieses Beispiel als Modellfall bezeichnet wird[2], haben doch die Aktionäre und Gläubiger praktisch ihr gesamtes Geld verloren! Sanierungen werden insbesondere bei Unternehmen, deren Passivsaldo z.Z. 1 Mio und mehr beträgt in Zukunft nicht mehr zu umgehen sein. Die ein-

---

1) Hotel-Revue, Neue Führungs- und Finanzierungsmethode im schweizerischen Luftseilbahngewerbe, a.a.O.

2) Hotel-Revue, ebenda.

geschlagene Politik, einen Konkurs möglichst lange durch Aufnahme von Fremdkapital und Rückstellung von Abschreibungen hinauszuschieben, dürfte sich im Zeitpunkt des Konkurses um so schwerwiegender auswirken. Auf die Problematik der Abschreibungspraxis bei sanierten Bahnen treten wir hier nicht näher ein und halten lediglich fest, dass es angesichts der steigenden Baukosten und Beschaffungspreisen von Anlageteilen einem Substanzverlust gleichkommt, wenn vom Buchwert anstelle des Wiederbeschaffungswertes abgeschrieben wird. Spätestens im Zeitpunkt der Ersetzung der Anlage bzw. Anlageteile wird man feststellen, dass die Abschreibungen nicht ausreichen, um die Ersatzinvestitionen tätigen zu können. Deshalb müssen vor allem sanierte Bahnen vermehrt auf Reservenbildung bedacht sein und ihr primäres Ziel nicht in der Ausrichtung einer Dividende sehen.

Initiative und Durchführung:

. Initiative : Verwaltungsrat
. Durchführung: Treuhandbüro u.a.

4.3 Vorschläge zur Planung und Beurteilung von Projekten

4.31 Allgemeine Bemerkungen

Unsere Vorschläge zur Planung und Beurteilung von Projekten beruhen einerseits auf den Erkenntnissen der Lageanalyse und andererseits auf den Erfahrungen bei der Begutachtung von Luftseilbahn- und Skiliftprojekten[1]. Wir haben bereits früher darauf hingewiesen, dass sowohl die volks- als auch die betriebswirtschaftliche Begutachtung von Projekten des touristi-

1) Fussnote siehe Seite 148.

schen Transportes kaum erfolgt, und dass sich das Konzessionierungsverfahren weitgehend auf technische Fragen beschränkt. In vielen Fällen müssen die eingereichten Konzessionierungsakten als unzureichend bezeichnet werden, wobei wir die folgenden Hauptfehler erkannt haben:

- Die von der Schweizerischen Verkehrsstatistik und den Geschäftsberichten der Luftseilbahnunternehmen ausgewiesenen effektiven Baukosten liegen zum Teil beträchtlich über den projektierten Baukosten (Hauptgrund: Gesamtausbau weicht in seiner Dimensionierung vom Konzessionsgesuch stark ab, da Skilifte, Restaurant etc. nur pauschal - wenn überhaupt - festgehalten).
- Zu optimistische Frequenzschätzungen, nicht stichhaltige Annahmen in der Erfolgsrechnung.

Zum besseren Verständnis der Vorschläge zur Planung und Beurteilung von Luftseilbahn- und Skiliftprojekten, erfolgt zunächst eine stichwortartige Würdigung der kodifizierten Konzessionierungsgrundsätze des Eidgenössischen Amtes für Verkehr.

---

1) Fussnote von Seite 147:

- Krippendorf J. und Schär U., Projekte des Ski- und Wanderzentrums Interlaken-Nord (Unterseen-Gemmenalp-Beatenberg), unveröffentlichtes Gutachten des Forschungsinstitutes für Fremdenverkehr an der Universität Bern 1973.
- Forschungsinstitut für Fremdenverkehr an der Universität Bern, unveröffentlichte Mitberichte zuhanden des Kantonalen Planungsamtes Bern zu Konzessionsgesuchen. Beispiel: Gondelbahnprojekt Grindelwald-Grund-Männlichen, Luftseilbahn Eggenschwand-Bärgli in Kandersteg u.a.m.

4.32 Problematik der Konzessionierungsgrundsätze

4.321 Konzessionierungsgrundsätze und deren Ergänzungen

Die Post-, Telephon- und Telegraphenbetriebe haben mit gewissen Ausnahmen das ausschliessliche Recht, Reisende mit regelmässigen Fahrten zu befördern (sogenanntes Postregal)[1]. Der Bundesrat kann jedoch gemäss Art. 2 Abs. 2 Ausnahmen vom Postregal gestatten, d.h. Konzessionen erteilen für die regelmässige gewerbsmässige Reisendenbeförderung. Von diesem Recht der Konzessionserteilung macht der Bundesrat u.a. Gebrauch bei den Luftseilbahnen. Der Anspruch auf die Konzessionserteilung kann nun aber nicht ohne weiteres erhoben werden[2], vielmehr ist er von der Erfüllung dreier Voraussetzungen abhängig, nämlich:[3]

1. Die Fahrten müssen einem Bedürfnis entsprechen;
2. öffentliche Transportunternehmen dürfen nicht wesentlich konkurrenziert werden;
3. die Unternehmung muss dafür Gewähr bieten, dass die aus Gesetz, Verordnung, Ausführungsbestimmungen und Konzession sich ergebenden Verpflichtungen eingehalten werden.

"Durch das Bundesgesetz über den Natur- und Heimatschutz, in Kraft seit 1. Januar 1967, wurden die Behörden und Amtsstellen des Bundes ausserdem verpflichtet, bei der Erfüllung der Bundesaufgaben dafür zu sorgen, dass das heimatliche Landschafts-

---

1) Bundesgesetz betreffend den Postverkehr (Postverkehrsgesetz), vom 2. Oktober 1924 Art. 1 Abs. 1 lit. a.

2) Rösli J., Kriterien für eine Luftseilbahnpolitik des Bundes, Referat gehalten anlässlich der Herbsttagung der Vereinigung Schweizerischer Verkehrsingenieure in Valbella/Lenzerheide vom 12./13. Oktober 1973.

3) Verordnung (1) vom 1. September 1967 zum Postverkehrsgesetz, Art. 11, Abs. 1, lit. a, b und c.

und Ortsbild, geschichtliche Stätten sowie Natur- und Kulturdenkmäler geschont und, wo das allgemeine Interesse an ihnen überwiegt, ungeschmälert erhalten bleiben, indem sie Konzessionen und Bewilligungen nur unter Bedingungen oder Auflagen erteilen oder aber verweigern (Art. 3 des Bundesgesetzes vom 1. Juli 1966 über den Natur- und Heimatschutz)"[1]. Der sich zur Zeit in verschiedenen Diensten des Eidg. Amtes für Verkehr in Vorbereitung befindliche Kriterienkatalog zur Beurteilung von Luftseilbahn-Konzessionsgesuchen trägt diesen Forderungen Rechnung und sieht in Ergänzung zur bisherigen Verordnung schutz-, planungs- und verkehrswirtschaftliche Kriterien vor. So muss u.a. ein Projekt im Einklang stehen zur rechtskräftigen, d.h. vom Stimmbürger akzeptierten und für den Grundeigentümer verbindlichen Ortsplanung. Die Durchsetzung dieser Forderung dürfte hingegen dann sinnvoll sein, wenn es sich um eine, die heutigen Gegebenheiten berücksichtigende und aktuelle Ortsplanung handelt; mit andern Worten: Das Vorhandensein allein genügt u.E. nicht, die Ortsplanung muss zweckmässig sein[2]. In der Vergangenheit konnte das Postulat einer rechtskräftigen Planung auf Ortsebene in zahlreichen Fällen nicht erfüllt werden, da die raumplanerischen Arbeiten im Zeitpunkt der Einreichung von Konzessionsgesuchen in vielen Gemeinden erst in der Anfangsphase steckten.

"Bei den verkehrswirtschaftlichen Kriterien soll insbesondere auf die landschaftsbedingte touristische Eignung, die Bonität des Skigebietes sowie dessen Aufnahmefähigkeit im Verhältnis zur Transportkapazität und auf die Verkehrslage abgestellt wer-

---

1) Rösli J., a.a.O.

2) Das Erfordernis nach einer rechtskräftigen Planung wird z.B. fragwürdig, wenn Zonenplan und Baureglement 10 Jahre und älter sind.

den"[1]. Diese hier aufgestellten Kriterien sollen ebenfalls in die in Vorbereitung begriffene neue Luftseilbahn-Konzessionierungsverordnung einfliessen. In diesem Zusammenhang stellt sich sofort die Frage, wer, gestützt auf welche Methoden zur Vornahme der Eignungsabklärungen usw., als verantwortlich bezeichnet wird. Wir werden in Abschnitt 4.33 darauf zurückkommen und das uns zweckmässig erscheinende Vorgehen zur Beantwortung dieser Frage aufzeigen. Es würde den Rahmen unserer Untersuchung sprengen, wenn wir selber den Versuch anstellen wollten, Anforderungen an die zukünftige eidgenössische Konzessionierungspolitik und -praxis für die Beurteilung von Luftseilbahnprojekten aufzustellen. Wir beschränken uns daher auf die stichwortartige kritische Würdigung der in der Vollzugsverordnung zum Postverkehrsgesetz festgelegten drei Konzessionierungsgrundsätze (vgl. Seite 149).

4.322 Bedürfnis

Nach Pfenniger [2], dem wir beipflichten, geht es hier ausschliesslich um ein objektives Verkehrsbedürfnis. Das subjektive Bedürfnis des Konzessionsbewerbers - das regelmässig gegeben ist - kann bei der Beurteilung nicht massgebend sein. Der Nachweis des objektiven Verkehrsbedürfnisses lässt sich jedoch mangels verbindlicher Kriterien zu dessen Berechnung kaum je erbringen[3], was in der Vergangenheit mit ein Grund für zahlreiche Fehlplanungen gewesen ist. Der Begriff "Bedürfnis", wie er in der massgebenden Vollziehungsverordnung zum

---

1) Rösli J., a.a.O.

2) Pfenniger P., Die Erteilung von Konzessionen und Bewilligungen bei Fremdenverkehrsbahnen und Skiliften, Diss. Verlag P.G. Keller, Zürich 1968, Seite 106 ff.

3) Krippendorf J., Die Bedeutung der Luftseilbahnen für den schweizerischen Fremdenverkehr, a.a.O.

Postverkehrsgesetz vom 1. September 1967 für den öffentlichen Strassen- und Schiffsverkehr verwendet worden ist, bedeutet nichts anderes als "bestehende Nachfrage nach Transportmöglichkeit" und weist somit auf einen ungedeckten Verkehrsbedarf hin. Das Bedürfnis richtet sich auf den Transport als Notwendigkeit für einen gleichbleibenden oder wechselnden Personenkreis. Diese Umschreibung trifft für reine Touristenbahnen zweifellos nicht zu, da "von einer Notwendigkeit, eine möglichst grosse Menschenmenge auf diesen oder jenen Punkt im Gebirge zu transportieren, nicht gesprochen werden kann"[1]. Das Bedürfnis ist vielmehr als Anliegen des Kurortes zu verstehen, der durch die Erschliessung seiner Ski- und Wandergebiete mit touristischen Spezialverkehrsmitteln an Attraktivität gewinnen kann. Zudem kommt den Luftseilbahnen und Skiliften - wie wir früher dargestellt haben - im Wintertourismus die Bedeutung eines konstitutiven Angebotselementes zu. Rösli bezeichnet diese Art von Bedürfnis als Ergänzungsbedürftigkeit, deren Zweck in der Steigerung der Vorzüge eines Gebietes zum Anziehen von Touristen erblickt werden kann. Die Umschreibung des "objektiven Verkehrsbedürfnisses" von Pfenniger, der ein solches annimmt, "wenn ein Ort regelmässig von einer bestimmten Anzahl von Fremden, denen eine derartige Ausflugsmöglichkeit fehlt, besucht wird...,"[2] ist u.E. zu allgemein gehalten und demnach nicht geeignet zur Beurteilung von Projekten der touristischen Verkehrserschliessung. Pfenniger's Aussage, wonach die Existenz von Bahnen nicht das einzige Mittel sei, um Fremde anzuziehen, kann wohl die Richtigkeit nicht abgesprochen werden, doch verkennt er dabei die gesamtkurörtliche Bedeutung der touristischen Transportmittel, was aus seinen folgenden Ausführungen noch deutlicher hervorgeht: "Wenn ungeachtet dieser Tatsache die

---

1) Rösli J., a.a.O.

2) Pfenniger P., a.a.O., Seite 107.

meisten Kurorte den Bau von Transportanlagen in den Vordergrund stellen, beweist das deshalb noch nicht unbedingt, dass damit in erster Linie den Interessen der Fremden Rechnung getragen werden soll, sondern das kann ebenso gut bedeuten, dass man sich von dieser Investition eher eine Rendite verspricht, als von andern Kurortsaufgaben"[1]. Entscheidend für den Bau touristischer Spezialverkehrsmittel ist jedoch nicht die von Pfenniger gemeinte betriebswirtschaftliche, sondern - angesichts der Rolle der Luftseilbahnen und Skilifte als konstitutives Angebotselement - die volkswirtschaftliche Rentabilität (vgl. dazu 2.2). Zur Beurteilung der Bedürfnisfrage von Luftseilbahn- und Skiliftprojekten ist in erster Linie die gesamtkurörtliche bzw. regionalwirtschaftliche Situation zu berücksichtigen. Die Antwort auf die Frage nach dem Bedürfnis ergibt sich demnach als Summe der Ergebnisse aller abzuklärenden angebots- und nachfrageseitigen Faktoren, wobei wir uns hier mangels Quantifizierungsmöglichkeiten der Eignung usw. zum Teil auf qualitative Aussagen werden beschränken müssen (vgl. dazu insbesondere 4.334).

4.323 Konkurrenzierung

Eine wesentliche Konkurrenzierung liegt dann vor, wenn öffentliche Transportunternehmen durch projektierte Luftseilbahnen und/oder Skilifte in ihrer wirtschaftlichen Existenz ernsthaft gefährdet würden[2]. Der Begriff "öffentlich" wird in der Praxis

---

1) Pfenniger P., a.a.O., Seite 108.

2) Eidg. Amt für Verkehr, die bisherige Konzessionierungspraxis und die Entwicklung der Luftseilbahnen in der Schweiz, Ausführungen des Eidg. Amtes für Verkehr zu Händen von Herrn Bundesrat R. Bonvin, anlässlich eines Podiumsgesprächs der Parlamentarischen Gruppe für Tourismus und Verkehr vom 29. September 1971 in Bern.

durch "konzessioniert" ersetzt, weshalb sich die Prüfung einer allfälligen Konkurrenzierung auch auf bestehende Luftseilbahnen und Skilifte ausdehnt. Verbindliche Richtlinien zur Prüfung der Konkurrenzfrage bestehen unseres Wissens nicht und dürften allgemein gültig auch kaum festzulegen sein. Der Nachweis, dass die wirtschaftliche Lage und die Verkehrssicherheit eines Transportunternehmens durch freie Zulassung anderer Bahnen massgeblich beeinträchtigt würde[1], dürfte u.E. nur schwerlich erbracht werden können. Die Forderung eines auf dem Verkehrsmarkt etablierten Unternehmens nach Fernhalten der Konkurrenz kann nicht Sinn und Zweck des Konzessionierungsgrundsatzes gemäss Vollziehungsverordnung sein. Zur Beurteilung der Konkurrenzfrage muss u.a. die Attraktivität des durch die geplante Transportanlage zu erschliessenden Skigebietes mit einbezogen und der gängige Ausspruch "Verkehr schafft Verkehr" mit berücksichtigt werden. Falls durch eine neue Anlage z.B. ein besonders attraktives Skigebiet erschlossen werden kann, oder die Verbindung zweier Skigebiete ermöglicht wird, kann eine (eventuelle) wirtschaftliche Beeinträchtigung von bestehenden Transportunternehmen nicht als wesentliche Konkurrenzierung und damit als Grund zur Konzessionsverweigerung akzeptiert werden, da man sich sonst unweigerlich der Gefahr aussetzen würde, in der Vergangenheit begangene Fehler auf Kosten von neuen Projekten zu sanktionieren oder sogar zu begünstigen.

Die Frage der Konkurrenzierung ist ebenfalls in die Gesamtbeurteilung eines Projektes zu integrieren. Wir messen ihr angesichts der fehlenden quantifizierbaren Beurteilungskriterien und der erwiesenermassen auch positiven Effekte auf bestehende Unternehmen eher untergeordnete Bedeutung bei.

---

1) Pfenniger P., a.a.O., Seite 109.

4.324 Betriebssicherheit

Die Erfahrungen der Vergangenheit zeigen, dass es scheinbar schwierig ist, die Wirtschaftlichkeit - eine Komponente der Betriebssicherheit - von Luftseilbahnprojekten zuverlässig zu prüfen. Dies liegt aber nicht so sehr an der Besonderheit dieser Objekte, als vielmehr in der Ungenauigkeit der Berechnungen seitens der Konzessionsbewerber und in der Unvollständigkeit (quantitativ und qualitativ) der Konzessionsgesuche. Ungenügend bekannter Baugrund, unvorhergesehene Lawinenverbauungen, Ungewissheit über die Höhe der Teuerungsrate dürfen u.E. nicht als ausreichende Entschuldigungsgründe angeführt werden, sondern belegen einmal mehr unsere Aussage, wonach Luftseilbahnen und Skilifte (zu) oft ohne sorgfältige Planung projektiert und konzessioniert worden sind. "Die zuständigen Bundesstellen übernehmen, wenn sie aufgrund der Bejahung der Bedürfnisfrage eine Konzession für eine Luftseilbahn erteilen, keinerlei Gewähr dafür, dass die Unternehmung rentieren wird. Der Bundesrat hat in diesem Sinne bereits in einem Beschwerdeentscheid vom 10. September 1954 betreffend die Gondelbahn Zweisimmen-Rinderberg festgestellt, es sei nicht Aufgabe des Staates, anstelle allfälliger Geldgeber wirtschaftliche Ueberlegungen anzustellen, und die Privatinitiative von Amtes wegen zu betreuen"[1]. Die Aufsichtsbehörde (Eidg. Amt für Verkehr) schreitet erst ein, <u>wenn wegen fehlender finanzieller Mittel die Vornahme der für die Betriebssicherheit unerlässlichen Unterhaltsarbeiten in Frage gestellt ist.</u> Diese Minimalforderung genügt u.E. heute nicht mehr zur Beurteilung der wirtschaftlichen Situation und damit indirekt der Betriebssicherheit bestehender Unternehmen einerseits und des mutmasslichen Erfolges projek-

1) Eidg. Amt für Verkehr, die bisherige Konzessionierungspraxis und die Entwicklung der Luftseilbahnen in der Schweiz, a.a.O.

tierter Anlagen andererseits. Bei bestehenden Luftseilbahnunternehmen, deren Jahresrechnung vom Eidg. Amt für Verkehr nicht genehmigt, sondern nur zur Kenntnis genommen wird, ist seitens der Aufsichtsbehörde vermehrt darauf zu achten, dass die Abschreibungssätze tatsächlich auch eingehalten werden. Neue Luftseilbahnen müssten in Zukunft im Gegensatz zum bundesrätlichen Entscheid aus dem Jahre 1954 auch auf ihre Wirtschaftlichkeit geprüft werden (vgl. dazu 4.334).

In den letzten Jahren ist in immer verstärkterem Masse die Bedeutung einer intakten Landschaft als Grundvoraussetzung jeglicher touristischer Entwicklung im Berggebiet hervorgehoben worden. Wir stimmen hier mit Kämpfen's Ausführungen überein, "dass in einem andern Wirtschaftszweig Kapital verloren und wieder geäufnet werden kann, im Tourismus jedoch die Grundsubstanz - die Landschaft und das Land - einmal verloren, unwiederbringbar sind"[1]. Diese Erkenntnis erfordert geradezu eine umfassende (auch wirtschaftliche Aspekte beinhaltende) Prüfung von Konzessionsgesuchen, da Luftseilbahnen und Skilifte - insbesondere deren Pisten - die Landschaft mehr oder weniger beeinträchtigen. Auch wenn Luftseilbahnen eine Handelsware sind und von privaten Kapitalgebern getragen werden, sehen wir keinen Einbruch in die Handels- und Gewerbefreiheit, wenn Projekte nach ihrer betriebs- und volkswirtschaftlichen Rentabilität geprüft werden und dieses Ergebnis der Einbusse an "landschaftlicher Substanz" gegenübergestellt wird.

---

1) Kämpfen W., zitiert von Pfund C., Gipfelstürmer im Dilemma, in: Hotel-Revue, Nr. 51/52 - 20. Dezember 1973, Seite 12.

4.33 Beurteilung von Projekten

4.331 Ausgangslage und Vorgehen

Gestützt auf unsere bisherigen Erkenntnisse lässt sich die Ausgangslage zur Beurteilung neuer Projekte wie folgt charakterisieren:

- Die eingereichten Konzessionsgesuche sind, wie schon mehrmals betont, meistens quantitativ und qualitativ ungenügend. Einerseits fehlen wichtige Angaben, andererseits entbehren vorhandene Angaben zum Teil der unbedingt erforderlichen Zuverlässigkeit. Hauptfehler:
  - Zugrundelegen von Zahlen aus einem Vorprojekt, das oft "über den Daumen gepeilt"[1] ist.
  - Vorlegen eines Einzelprojektes anstelle des Gesamtausbaukonzeptes.
  - Verwendung sogenannter Kennziffern ohne Berücksichtigung der unternehmensspezifischen Situation. Dadurch entsteht die Gefahr der Fehlkalkulationen.
- Die kodifizierten Konzessionierungsgrundsätze sind nicht geeignet, um den Seilbahnbauboom auf eine massvolle Expansion zurückzuführen, da wesentliche Faktoren (Eignung, Erfolgsrechnung, regionaler Stellenwert u.a.m.) zu wenig berücksichtigt werden. In der Vergangenheit hat die Bundesbehörde zudem verschiedene "politische Luftseilbahnentscheide" gefällt ohne eingehende Prüfung der Gesuche[2]. Pfenniger vertritt in dieser Angelegenheit sogar die Meinung, dass sich das Verkehrs- und Energiewirtschaftsdepartement in keiner Weise an die von ihm selber aufgestellten Grundsätze zur Konzessionierungspraxis halte und "dass diese Maximen gar

---

1) Pfund C., Gipfelstürmer im Dilemma, a.a.O.

2) Rösli J., a.a.O.

nie ernst gemeint waren und nur zur Beruhigung der Gegner der bisherigen Praxis herausgegeben wurden"[1].

- In der Seilbahnverordnung[2] sind nur technische Angaben enthalten über Plangenehmigung, Bauarbeiten, Bauvorschriften, Betrieb usw. der eidg. konzessionierten Seilbahnen.
- Eine Anleitung zur wirtschaftlichen Prüfung von Luftseilbahnprojekten (betriebs- und volkswirtschaftlich) besteht bis zum heutigen Zeitpunkt nicht.

Die neue, in Entstehung begriffene Luftseilbahnverordnung, die u.a. den Schutz- und Planungskriterien vermehrte Beachtung schenkt, wird sich erst positiv auswirken können, wenn die Initianten und Konzessionsbewerber angehalten werden, vollständige Konzessionsgesuche einzureichen, die vorgängig von neutralen Experten begutachtet worden sind. Ebenso wichtig wie die Erarbeitung eines Kriterienkataloges zur Prüfung von Luftseilbahnprojekten ist u.E. die Herausgabe einer, den heutigen Gegebenheiten vermehrt Rechnung tragende Liste der Anforderungen, die an Konzessionsgesuche zu stellen sind. Die beste Verordnung nützt nämlich nichts, wenn seitens der Gesuchsteller Kostenvoranschlag, Erfolgsrechnung usw. der projektierten Anlagen oberflächlich und ohne ausreichende Sachkenntnis erstellt werden. Negativ wirkt sich ferner die Tatsache aus, dass Einzelprojekte anstelle des geplanten Gesamtausbaus (inkl. Skilifte und Nebenbetriebe) zur Konzessionierung eingegeben werden können.

Das von uns erarbeitete Vorgehen zur Beurteilung neuer Projekte versucht den obigen Erwägungen Rechnung zu tragen und lässt

---

1) Pfenniger P., a.a.O., Seite 121.

2) Verordnung über Bau und Betrieb von eidg. konzessionierten Seilbahnen vom 23. September 1968.

sich in groben Zügen wie folgt umschreiben: Die Konzessionsbewerber haben auf Veranlassung des Eidg. Amtes für Verkehr das zur Konzessionierung eingereichte Gesuch (Gesamtausbaukonzept) vorgängig von neutralen Experten begutachten zu lassen, deren Berichte integrierender Bestandteil der Konzessionsakten bilden.

Es handelt sich um folgende Arbeiten:

1. Eignungsabklärung mit Schwergewicht für den Wintertourismus (vgl. 4.332).
2. Technischer Bericht mit Baukostenschätzungen für mechanischen und elektrischen Teil der Anlagen sowie für Stationen, Parkplätze usw. (vgl. 4.333).
3. Touristische Beurteilung (basierend auf den Ergebnissen der Eignungsuntersuchung) mit folgendem Inhalt (vgl. 4.334):
   - Dimensionierung des Gesamtausbauprojektes, Einbezug des vorhandenen Beherbergungsangebotes und der Naherholung.
   - Analyse der Erfolgsrechnung.
   - Einordnung in gesamtwirtschaftliches Entwicklungskonzept für das Berggebiet.

Diese drei von uns postulierten Gutachten, deren Einforderung Sache der privaten Gesuchsteller ist, sollen der Konzessionsbehörde die Prüfung von Luftseilbahnprojekten erleichtern helfen. Sowohl Initianten als auch Bewilligungsbehörden müssen erkennen, dass heute nicht mehr "alles machbar" ist. In Zukunft werden in den durch Gemeinde und Region in Zusammenarbeit mit dem Kanton zu erarbeitenden regionalen Entwicklungskonzepten u.a. auch geeignete Gebiete für die Erschliessung mit touristischen Spezialverkehrsmitteln ausgeschieden. Dadurch wird indirekt ein bedeutender Schritt in Richtung massvolle Expansion getan[1] und dem volkswirtschaftlich und aus der Sicht des Landschaftsschutzes umstrittenen Trend "jeder Gemeinde ihre Luftseilbahn(en) und Skilifte" erfolgreich entgegengewirkt.

Abschliessend möchten wir betonen, dass in jedem Fall den mit der Begutachtung beauftragten neutralen Experten von den Initianten ein konkretes Projekt zu unterbreiten ist. Es kann deshalb nicht Aufgabe der Gutachter sein, selber ein Projekt auszuarbeiten. Allfällige Projektänderungen in der Phase der Begutachtung sind von den Initianten vorzunehmen und erneut zur Beurteilung vorzulegen. Wir sind uns bewusst, dass die von uns vorgeschlagenen Abklärungen finanzielle Mittel erfordern, welche durch die Initianten aufgebracht werden müssen. Bei einer geplanten Investition von mehreren Mio Franken verlangt die unternehmerische Weitsicht jedoch geradezu zwingend eine gründliche Abklärung der "Zweckmässigkeit" des Investitionsvorhabens. In anderen Bereichen unserer Wirtschaft sind diese Zusammenhänge längst erkannt worden.

4.332 Eignung des Gebietes für eine Erschliessung mit touristischen Spezialverkehrsmitteln

Dem Bau jeder Luftseilbahn hat eine - namentlich in skitechnischer Sicht - gründliche Bewertung des Geländes vorauszugehen[2]. Im wesentlichen sind es zwei Faktoren, die für die Wahl bestimmter Standorte für bestimmte Nutzungen (wie z.B. Fremdenverkehr) verantwortlich sind, nämlich die Eignung der

1) Pfund C., Gipfelstürmer im Dilemma, a.a.O.

2) Krippendorf J., Die Bedeutung der Luftseilbahnen für den schweizerischen Fremdenverkehr - wirtschaftliche Erwägungen und Gedanken zur Konzessionierungspraxis, a.a.O.

Standorte und ihre Attraktivität[1]. Nach Elsasser wird bei den landesplanerischen Eignungsuntersuchungen besonderes Gewicht auf die Analyse der natürlichen Standortvoraussetzungen gelegt. "Unter natürlichen Standortvoraussetzungen versteht man alle Voraussetzungen eines Standortes, die ursprünglich vorhanden sind und ihre Eigenschaft nicht der unmittelbar gestaltenden Tätigkeit des Menschen verdanken"[2]. Den natürlichen Faktoren, (auch ursprüngliches Angebot genannt) kommt im Rahmen der gesamttouristischen Eignung eines Gebietes primäre Bedeutung zu, bilden sie doch die Grundvoraussetzung schlechthin für die Entwicklung des Fremdenverkehrs. Dies gilt im besonderen auch für die touristischen Spezialverkehrsmittel.

Im nachfolgenden Schema sind die für touristische Spezialverkehrsmittel relevanten Naturgrundlagen, die zur Beurteilung einer Erholungslandschaft aufgearbeitet werden müssen, festgehalten[3].

Die Aufarbeitung der projektbezogenen Naturgrundlagen hat durch Geographen, die in diesem Spezialgebiet ausgebildet sind, nach Rücksprache mit Fremdenverkehrsfachleuten zu erfolgen. In gemeinsamen Gesprächen sind vorerst - als Voraussetzung zur Berechnung des Nettoskigebietes (für das Skifahren geeignete Fläche) - die Bewertungskriterien und die Gewichtung der verschiedenen Faktoren festzulegen. Wir gehen hier bewusst nicht näher auf die einzelnen Faktoren ein, da dies den Umfang unserer

---

1) Elsasser H., Eignungs- und Attraktivitätsuntersuchungen, ein Beitrag der Geographie zur Raumplanung, Antrittsvorlesung an der Universität Zürich vom 12. Februar 1973, Seite 1.

2) Elsasser H., ebenda, Seite 4.

3) Informationen des Geographischen Institutes der Universität Bern, Abteilung Prof. Messerli.

Naturgrundlagen

Grundlagen vom Klima her

- Niederschlag (Sommer/Winter)
- Schnee
  - . Schneehöhe und Verteilung
  - . Ausaperung - einschneien (Schneetage)
- Wind (Besonderheiten wie Föhn usw.)
- Sonnenscheindauer und Bewölkung
  - . relative Sonnenscheindauer/Bewölkung
  - . Nebelgeschehen

Grundlagen von der Landschaft her

- Morphographie
  - . Höhenlage
  - . Reliefenergie
  - . Hangneigungen
  - . Expositionen
  - . Höhenstufen
- Risiken
  - . Lawinen
  - . denutative Prozesse (Rutschungen usw.)
  - . antropogene Eingriffe (Rodungen, Skipistenplanierungen)
- Bodenbedeckung
  - . Waldlage/Weidlage
  - . Brache/Vergandung

Arbeit sprengen würde und verweisen auf die entsprechende Literatur[1]. Als Arbeitstechniken, deren Wahl von Fall zu Fall getroffen werden muss, kommen in Frage:

---

1) - Schönenberger R., Kapazitätsgrenzen alpiner Skigebiete, Diss., Zürich 1972
   - Bonorand M., Zur Struktur und Problematik der touristischen Erschliessung des französischen Berggebietes, a.a.O.
   - Wolfgang F., Grundsätze für den Bau von Skiabfahrten, Schul- und Sportstättenbau, Wien 4/1969, Seite 6-12, zitiert in: Berichte zur Raumforschung und Raumplanung, a.a.O.
   - Krippendorf J. und Schär U., Projekte des Ski- und Wanderzentrums Interlaken-Nord, a.a.O.

- Feldarbeit, aktuelle Messungen
- Luftbildauswertung
- Befragung
- Statistik

Das Ergebnis der Eignungsuntersuchung bildet eine wesentliche Grundlage für die touristische Beurteilung des Gesamtprojektes (z.B. Kapazitätsberechnung aufgrund der Nettoskifläche) durch unabhängige Fremdenverkehrsexperten und ist in seinem vollen Wortlaut dem Konzessionsgesuch beizulegen.

4.333 Bau- und Betriebskostenschätzung, Erfolgsrechnung

Als Grundlage zur Planung und Beurteilung von Bahnprojekten ist vorgängig die Frage der Systemwahl zu diskutieren. "Die Differenzen zwischen der billigsten Anlage (Skilift) und der heute teuersten Anlage, einer Luftseilbahn, bei gleicher Kapazität, betragen rund das Vier- bis Sechsfache"[1]. Auch zwischen den verschiedenen Anlagesystemen der Luftseilbahnen (Pendelbahnen, Umlaufbahnen mit Kabinen oder Sesseln) bestehen grosse Bau- und Betriebskostenunterschiede, so dass der folgende von Maurhofer[2] aufgestellte Grundsatz - der in der Vergangenheit oft nicht befolgt worden ist - an den Anfang der hier geforderten Untersuchungen gestellt werden muss:

> In einer ersten Ausbauphase sollen, wo immer es nur geht, einfache und billige Bahnen erstellt werden.

---

1) Maurhofer F., Der Erholungswert von Bergregionen, a.a.O.

2) derselbe, ebenda.

Die Systemwahl ist direkt abhängig von den morphographischen Verhältnissen (Höhenlage, Reliefenergie, Hangneigungen, Längs- und Querprofile), der schrägen Länge zwischen Tal- und Bergstation usw. und wird durch diese Faktoren in der Praxis oft vorgegeben (Beispiele: Schilthornbahn, Reusch-Cabane-des-Diablerets, wo nur die Variante Pendelbahn zur Diskussion stand). Die Bau- und Betriebskostenrechnung ist bisher in der Regel von einem mit Seilbahn- und Skiliftbau vertrauten Unternehmen der Maschinenindustrie aufgestellt worden, das jeweils auch eine - aus naheliegenden Gründen Gewinn ausweisende - mutmassliche Erfolgsrechnung beilegt. Da es sich nur um Vorprojekte handelt, deren Angaben ungenau sind, genügen diese Informationen u.E. als Entscheidgrundlagen für die Initianten keineswegs. In zahlreichen Fällen hat man jedoch auf genauere und detailliertere Bau- und Betriebskostenschätzungen verzichtet und die günstige Erfolgsrechnung zum Anlass genommen, die Realisierung des Projektes voranzutreiben[1].

Auch in Zukunft wird es Aufgabe der mit Seilbahn- und Skiliftbaufragen vertrauten Techniker sein, Projekte mit Bau- und Betriebskostenschätzungen im Auftrage der Initianten zu verfassen. Dies gilt auch für die Erfolgsrechnung. Dabei sind jedoch folgende Einschränkungen zu beachten:

- Die Schätzung und Ueberprüfung der Bau- und Betriebskosten sowie der Erfolgserwartungen hat nicht mehr - wie bisher - gestützt auf ein Vorprojekt zu erfolgen.
- Die Informationen der Verkehrsstatistik sind mit gebührender Vorsicht beizuziehen, da gewisse Störungsfaktoren deren Aussagekraft herabmindern[2]. So wirkt sich z.B. die Vermischung

1) vgl. dazu auch Pfund C., Gipfelstürmer im Dilemma, a.a.O.

2) vgl. dazu Pfund C., rechtliche und wirtschaftliche Probleme der touristischen Spezialverkehrsmittel, a.a.O., Seite 152 ff.

von Daten der anderen Transportbetriebe (Skilifte) und Nebengeschäfte mit denjenigen des konzessionierten Transportmittels nachteilig auf den zwischenbetrieblichen Vergleich aus[1].

- Die Verwendung von Gesamtbaukosten bestehender Luftseilbahnunternehmen zu Vergleichszwecken ist nicht statthaft, da die unternehmensspezifische Situation des Projektes vernachlässigt wird (z.B. Baugrund, Bodenpreis u.a.m.).

- Die Berücksichtigung sogenannter Erfahrungswerte aus dem Bereich der Anlagekosten führt zu unzuverlässigen Resultaten und muss als untauglich bezeichnet werden. So fordert z.B. Maurhofer die Beachtung folgender "Erfahrungswerte":

  ". Die Gesamtinvestition aller Anlagen sollte 4'000 bis 5'000 Franken pro Bett nicht übersteigen;

  . der Verkehrsertrag der Anlagen soll nach einer Anlaufzeit von wenigen Jahren minimal 20 % des Anlagevermögens betragen"[2].

Es handelt sich hier um Faustregeln, deren Anwendung leicht zu unternehmerischen Fehlentscheiden führen kann: Zur ersten Faustregel ist zu sagen, dass kein direkter Zusammenhang zwischen systemabhängigem Investitionsvolumen und Beherbergungsangebot besteht, und dass die Naherholung vollkommen ausser Betracht gelassen wird. Die Untauglichkeit der zweiten Faustregel ist bereits an früherer Stelle (vgl. 3.631) einleuchtend bewiesen worden.

---

1) Trotzdem bildet die schweizerische Verkehrsstatistik eine unerlässliche Hilfe und sollte u.E. im Bereiche der touristischen Spezialverkehrsmittel weiter ausgebaut werden (z.B. Einbezug der Skilifte usw.)

2) Maurhofer F., a.a.O.

Zur Baukostenberechnung: Die besonderen Bauvorschriften sind in Abschnitt VI der Seilbahnverordnung[1] enthalten und umfassen die folgenden Punkte:

- Seile,
- mechanische und elektrische Einrichtung,
- Fahrzeuge,
- Hochbauten und Stützen.

Der Dienst für Konzessionen und Strassentransporte des Eidg. Amtes für Verkehr hat einen 25 Gegenstände umfassenden Fragebogen über die baulichen und technischen Daten sowie die Baukosten für das Projekt einer Luftseilbahn (vgl. Anhang) ausgearbeitet, der von Konzessionsbewerbern und Projektverfassern auszufüllen und zu unterschreiben ist. Der Inhalt dieses Fragebogens beschränkt sich weitgehend auf die

- mechanische und elektrische Ausrüstung (inkl. Montage und Installation) und
- Hoch- und Tiefbauarbeiten der Luftseilbahn.

Detaillierte Angaben über Basisinfrastruktur, Skilifte und Nebenbetriebe (Restaurant, Kiosk usw.) werden von der Konzessionsbehörde nicht eingefordert, obschon deren Kosten das Gesamtprojekt wesentlich belasten. Habegger[2] trägt diesem Umstand Rechnung; er teilt die gesamten Projektkosten wie folgt auf:

Kostenermittlung

Basiserschliessung und allgemeine Kosten (für gesamtes Projekt)

Anlagekosten (individuell für jede Anlage, inkl. Restaurants)

---

1) Verordnung über den Bau und Betrieb von eidg. konzessionierten Seilbahnen, a.a.O., Art. 19-29.

2) Habegger, diverse Kostenberechnungen von Bahnprojekten (Habegger AG, Maschinenfabrik Thun).

- Die Basiserschliessung und allgemeinen Kosten beinhalten u.a.
  . Ankauf von Grundstücken
  . Herrichtung von Parkplätzen
  . Stromzuleitungen
  . Kanalisation
  . Wasserzuleitungen und Quellfassungen
  . Trassee- und Pistenkorrekturen
  . Pistenmaschinen
  . Mobiliar.

- Die Anlagekosten teilen sich im wesentlichen wie folgt auf:
  . mechanische und elektrische Ausrüstung (detailliert) inkl. Montage und Installation
  . Hoch- und Tiefbauarbeiten (detailliert)
  . allgemeine Aufwendungen wie Vermessungskosten, Bauzinse, Bauseilbahn, Unvorhergesehenes.
  . für Restaurant: Erstellungskosten, inkl. Mobiliar und vollständige Ausrüstung.

Dieser hier aufgeführte Detaillierungsgrad ist eine Grundvoraussetzung schlechthin für eine zuverlässige Baukostenrechnung, die ihrerseits entscheidende Anhaltspunkte für die Erfolgsrechnung liefert (Abschreibungen, Kapitalzinsen usw.).

<u>Zur Betriebskostenschätzung</u> (Betriebsaufwand): Die Berechnung des Betriebsaufwandes hat nach den drei Komponenten Personalaufwand, Sachaufwand und ordentliche Abschreibungen aufgeteilt zu erfolgen. Auch hier muss vor der allgemeinen Anwendung von Faustregeln gewarnt werden.

Der Personalaufwand (inkl. Sozialleistungen usw.) wird zweckmässigerweise aufgrund eines Personaleinsatzplanes[1] und unter Beizug örtlicher oder regionaler Lohnvergleiche berechnet. Der Sachaufwand ist detailliert nach einzelnen Sachgruppen zu schätzen, wobei hier Unternehmungsvergleiche wertvolle Anhaltspunkte zu geben vermögen. Die Projektverfasser müssen dabei bedenken, dass es sich beim Sachaufwand praktisch um die einzige Aufwandkomponente mit einem gewissen Spielraum handelt (z.B. Werbeausgaben, diverse Anschaffungen). Gestützt auf die unterschiedlichen Abschreibungssätze[2] der einzelnen Anlageteile können die ordentlichen Abschreibungen der projektierten Anlagen mit genügender Genauigkeit geschätzt werden.

Zusammenfassend können wir festhalten, dass es durchaus möglich ist, den Betriebsaufwand zuverlässig zu schätzen, und so eine brauchbare Grundlage für die Erfolgsrechnung bereitzustellen. Der wirtschaftliche Erfolg eines touristischen Transportunternehmens ist hingegen direkt abhängig von den erzielten Frequenzen, deren Schätzung in der Projektierungsphase entscheidende Bedeutung erlangt. Das Vorgehen zur Berechnung der für die wirtschaftliche Existenz des Unternehmens notwendige Anzahl beförderter Personen, haben wir bereits früher erläutert (vgl. 3.754). Es wird Sache der Fremdenverkehrsspezialisten sein, diese von den Technikern bestimmte Zahl auf ihre Realisierungschancen hin zu prüfen.

4.334 Touristische Gesamtbeurteilung

Die touristische Gesamtbeurteilung von Luftseilbahn- und Ski-

---

1) Pfund C., Gipfelstürmer im Dilemma, a.a.O.

2) Gemäss Anleitung zur Erstellung der Jahresrechnungen und Bilanzen der eidg. konzessionierten Luftseilbahnen, Seite 6 (Pendelbahnen) und Seite 7 (Umlaufbahnen), hrsg. vom Eidg. Amt für Verkehr, a.a.O.

liftprojekten durch unabhängige Fremdenverkehrsexperten stützt sich u.a. auf folgende Unterlagen:

- Eignungsabklärung aus geographischer Sicht (Ergebnis von 4.332)

- Technischer Bericht mit Bau- und Betriebskostenschätzung und Erfolgsrechnung (Ergebnis von 4.333).

Der Feinheitsgrad des nachstehend umschriebenen schrittweisen Vorgehens wird von der Dimensionierung des zur Begutachtung vorgelegten Projektes mitbestimmt.

1. Schritt: Begutachtung der Skipisten

Unter Berücksichtigung der morphographischen und klimatologischen Untersuchungsergebnisse hat eine gründliche Begutachtung der Skipisten an Ort und Stelle stattzufinden. Dem Befahren der vorgesehenen Skiabfahrten messen wir grosse Bedeutung zu, handelt es sich doch hier gewissermassen um den Test des dem Konsumenten anzubietenden "Produktes". In der Vergangenheit ist in zahlreichen Fällen von Seiten der Initianten und Projektverfasser der Begutachtung von Skipisten ungenügend Beachtung geschenkt worden (Beispiel: Luftseilbahn Curtinatsch-Piz Lagalb, deren zu steile Pisten keine ausreichende, für den wirtschaftlichen Erfolg des Unternehmens notwendige, Nachfrage anzulocken vermocht haben). Die minutiöse Skipistenplanung ist eine der grossen Stärken der französischen funktionellen Wintersportorte wie Avoriaz, La Plagne, Tignes u.a.m.[1]. Der planungsmethodische Vorsprung der französischen Spezialisten wirkt

1) Bonorand M., Zur Struktur und Problematik der touristischen Erschliessung des französischen Berggebietes, a.a.O., Seite 137.

sich allmählich auch auf die übrigen Alpenländer positiv aus, werden doch Eignungs- und Kapazitätsberechnungen immer mehr auf die Anwendbarkeit in diesen Ländern geprüft. Zur Beurteilung der Skipisten - die im Winter zu erfolgen hat - muss den Fremdenverkehrsexperten empfohlen werden, Fachleute wie z.B. FIS-Experten beizuziehen. Als besonders wichtige abzuklärende Faktoren betrachten wir die Neigung und die Offenheit der Pisten (Pistenbreite in Abhängigkeit der Bewaldung). Wir verzichten hier auf eine kritische Würdigung von Neigungswerten und halten lediglich fest, dass eine durchschnittliche Neigung von 10-30 % für schwache bis mittlere Fahrer und eine solche von 30-60 % für gute bis sehr gute Fahrer geeignet ist[1].

2. Schritt: Bestimmung der Kapazität des Skigebietes

Es gibt heute noch keine wissenschaftlich erhärteten Erhebungsverfahren[2] zur Bestimmung der Skigebietskapazität. Auch in Frankreich steht man noch am Anfang der Forschungsarbeit und hat erkannt, dass je nach Art der gewählten Berechnungsmethode zahlenmässig grosse Differenzen entstehen, die keine generelle Anwendbarkeit der ermittelten Werte gestatten. Aus diesen Gründen darf den Kapazitätsberechnungen von Skipisten keine ausschlaggebende Bedeutung bei der Beurteilung von projektierten touristischen Spezialverkehrsmitteln beigemessen werden.

Schönenberger[3] zeigt in einem verfeinerten analytischen Verfahren verschiedene Ansätze, deren praktischer Wert für die

---

1) Vgl. dazu auch: Maurhofer F., der Erholungswert von Bergregionen, a.a.O.

2) Chappis L., Méthodologie de l'étude d'aménagement en montagne, in: Urbanisme, Nr. 116, Paris 1970, zitiert von Bonorand M., a.a.O.

3) Schönenberger R., Kapazitätsgrenzen alpiner Skigebiete, a.a.O., Seite 32 ff.

Planung - nicht zuletzt angesichts des grossen Zeit- und Kostenaufwandes zur Berechnung - umstritten ist.

Ausschlaggebende Grösse für Kapazitätsberechnungen bilden die Pistenlänge und -breite in Abhängigkeit von der Neigung. Die Pistenbreite wird einerseits im maximalen Ausmass durch die topographischen Verhältnisse vorgegeben, andererseits wird ihr effektives Ausmass in der Praxis durch die Pistenpräparierung bestimmt. Hier liegt der grosse Unsicherheitsfaktor für Berechnungen der zulässigen Skifahrerzahl, denn das Angebot an Pisten sowie deren Breite variiert je nach Bereitschaft der Pistenverantwortlichen für eine mehr oder weniger weitgehende Präparierung von Kurort zu Kurort sehr stark.

Die Berechnung des Pistenfassungsvermögens hat lediglich den Zweck, erste Anhaltspunkte über die mögliche Belastbarkeit der Skipisten zu geben, ohne dass diesen Zahlen bei der Projektbeurteilung, wie soeben ausgeführt, verbindlicher Charakter zukommt. Die Festlegung der zulässigen Pistenbelastung wird zudem durch subjektive individuelle Vorstellungen beeinflusst, die wiederum sehr unterschiedlich sein können. Den in der Praxis verwendeten "Richtwerten" muss demnach mit grossen Vorbehalten begegnet werden. Als Ansätze zu Kapazitätsberechnungen werden etwa die folgenden Werte verwendet:

- 3 - 10 Skifahrer pro ha Nettoskigebiet[1)]
- 100 - 200 Skifahrer pro Pistenkilometer (alle Abfahrten berücksichtigt)[1)]
- 1 Skifahrer pro 1 Meter Höhendifferenz der Pisten[2)]

---

1) Maurhofer F., der Erholungswert von Bergregionen, a.a.O.

2) Cumin G., Capacité d'un domaine skiable, in: Economie et Perspective de la Montagne, no 7, Voiron, Seite 20 ff., zitiert von Bonorand M., a.a.O.

Es empfiehlt sich, die Resultate dieser drei Berechnungsarten, auf die wir nicht weiter eingehen, einander gegenüberzustellen und die Abweichungen festzuhalten. Je nach Anzahl und Breite der geöffneten Pisten ergeben sich, wie oben erwähnt, unterschiedliche Kapazitätsgrenzen. Im Verlaufe des 4. Schrittes (Analyse des Beherbergungsangebotes und Bestimmung der durchschnittlichen Anzahl Skifahrer) und des 5. Schrittes (Projektbeurteilung) werden wir nochmals auf die hier genannten Kapazitätswerte zurückkommen.

3. Schritt: Verkehrslage und Verkehrsverbindungen

Die Erreichbarkeit eines Ski- und Wandergebietes kann aufgrund verschiedener Kriterien abgeklärt werden[1], wie:

- Saison (Sommer, Winter)
- Art des Verkehrsmittels (privat, öffentlich)
- Kategorie der Benützer (Feriengast, Passant, Ausflügler)

Am zweckmässigsten und aufschlussreichsten ist u.E. die Unterteilung nach Saison und innerhalb derselben nach den übrigen Gesichtspunkten. Zur Beurteilung der Verkehrslage und der Verkehrsverbindungen sind u.a. die folgenden Fragen abzuklären:

- Sind im Raume der Talstation genügend Parkplätze vorgesehen?
- Ist die Erstellung einer speziellen Zufahrtsstrasse zur Talstation angesichts der erwarteten Verkehrsbelastungen notwendig?
- Kann die Talstation auch mit dem öffentlichen Verkehrsmittel erreicht werden und falls nicht, ist der Transport von der Station des öffentlichen Verkehrsmittels zur Talstation gesichert?

---

1) Krippendorf J. und Schär U., Projekte des Ski- und Wanderzentrums Interlaken-Nord, a.a.O.

- Ist die Einrichtung eines innerkurörtlichen Bus-Pendelbetriebes, durch den die Talstationen der verschiedenen Skigebiete miteinander verbunden werden, vorgesehen?
- Wie ist die Erreichbarkeit der Talstation für den Naherholungstourismus (Tages- und Halbtagesskifahrer) der nächstgelegenen grossen Agglomerationen zu bewerten und wieviele Stunden bzw. Minuten beträgt die durchschnittliche Anfahrtszeit mit dem privaten und öffentlichen Verkehrsmittel?

Von den hier aufgeworfenen Fragen erfordert vor allem diejenige nach den Parkierungsmöglichkeiten gründliche Abklärungen, damit die Gefahr eines Engpasses in der Stationierung der privaten Motorfahrzeuge rechtzeitig erkannt wird und allfällig notwendige Massnahmen zu deren Behebung rechtzeitig in die Wege geleitet werden können.

<u>4. Schritt:</u> Entwicklung und strukturelle Zusammensetzung von Angebot und Nachfrage im Beherbergungssektor

Das Angebot an touristischen Spezialverkehrsmitteln und dasjenige der Beherbergungseinrichtungen (Hotellerie und Hébergement Complémentaire) sind eng miteinander verbunden und kapazitätsmässig aufeinander abzustimmen. Je kleiner beispielsweise der relative Anteil der von Tagesskifahrern erwarteten Frequenzen am Total der geschätzten Frequenzen ist, d.h. je grösser der Anteil der Nachfrage nach touristischem Transport von den in den Fremdenverkehrsorten weilenden Gästen stammen muss, um so enger sind diese Kapazitätsbeziehungen zwischen Beherbergung und touristischem Transport.

Unter Einbezug der monatlichen Bettenbesetzung in der Hotellerie und im Hébergement Complémentaire sind vorerst die im näheren Einzugsbereich der projektierten Anlagen durchschnittlich anwesenden Gäste getrennt nach Sommer- und Wintersaison zu berechnen. Damit Extremwerte ausgeschaltet werden können (z.B. schneearmer Winter), empfiehlt es sich, diese Untersuchungen anhand der veröffentlichten schweizerischen Fremdenverkehrsstatistik auf mehrere Jahre auszudehnen. Der Detaillierungsgrad des saisonalen Beherbergungsangebotes und dessen Auslastung (so z.B. die Frage, ob und inwieweit die durchschnittliche Aufenthaltsdauer einzubeziehen sei) wird durch den Umfang des Gesamtprojektes bestimmt. Generell gilt es zu bedenken, dass die Benützungsintensität touristischer Spezialverkehrsmittel im Winter in der Regel viel höher ist als im Sommer, weshalb der Berechnung der in der Wintersaison durchschnittlich im näheren Einzugsbereich der projektierten Anlagen anwesenden Gäste besondere Beachtung geschenkt werden muss. Der sich aus Beherbergungsangebot und Auslastung ergebende Wert ist noch nicht identisch mit der Anzahl Skifahrer, da dieser Sport nicht von allen Feriengästen betrieben wird. Der relative Skifahreranteil ist nach Rücksprache mit Ortskundigen (Kur- und Verkehrsdirektor, Hoteliers, Skilehrer u.a.m.) zu schätzen.

Das Ausmass des Bedürfnisses nach Skifahren (Anzahl m Höhendifferenz) ist abhängig vom skifahrerischen Können und wird von den topographischen Verhältnissen (Höhendifferenz zwischen Tal- und Bergstationen), Steilheit der Pisten sowie vom vorhandenen Transportangebot beeinflusst. Für mittlere Skifahrer beträgt die gewünschte Höhenüberwindung pro Tag rund 2500 m, für gute Skifahrer rund 5000 m[1]. Bonorand berechnet, unter der Annahme, dass 25 % der Skifahrer auf Anfänger, 50 % auf mittlere und 25 % auf gute Fahrer entfallen, einen Durchschnittswert von 2800 m. Nach Maurhofer[2] dagegen legt ein Durchschnittsskifahrer

1) Bonorand M., Zur Struktur und Problematik der touristischen Erschliessung des französischen Berggebietes, a.a.O., S. 215

2) Maurhofer F., Der Erholungswert von Bergregionen, a.a.O.

heute pro Tag 4500 m Höhendifferenz zurück, was vermutlich zu hoch gegriffen ist. Der Kenn- oder Erfahrungswert "gewünschte Höhendifferenz pro Tag" kann für erschlossene Skigebiete durch Befragung von Skifahrern und/oder Einsetzen von Testpersonen bestimmt werden. Im Gegensatz zu den übrigen, im Verlaufe dieser Arbeit gestreiften Kennwerte, handelt es sich hier um eine brauchbare Richtgrösse, wobei allerdings den weiteren Abklärungen nicht eine fixe Zahl, sondern eine gewisse "Bandbreite" (z.B. 2800 - 3500 m) zugrunde gelegt werden muss. Diese Bandbreite wird sich vermutlich bei ständig zunehmender Zahl guter Skifahrer allmählich nach oben verschieben, ohne dass ihre obere Grenze jemals weit mehr als 4500 m betragen kann.

Es gilt nun, das Gesamtangebot an Höhenmetern aller bestehenden touristischen Spezialverkehrsmitteln der verschiedenen Skigebiete des Kurortes zu berechnen. Dies kann nach folgender Formel geschehen:

$$H_{mtot} = \sum_{i=1}^{n} \Delta h_1 \cdot K_1 \cdot B_1 + \Delta h_2 \cdot K_2 \cdot B_2 + \ldots\ldots + \Delta h_n \cdot K_n \cdot B_n$$

H_{mtot} = Höhenmeter aller Anlagen

i = Anzahl Anlagen

Δh = Höhenunterschied in m

K = Kapazität (Personen je Stunde)

B = Betriebsdauer in Stunden

Teilt man H_{mtot} durch die vom Skifahrer gewünschte Höhendifferenz je Tag (2800 - 3500 m), so erhält man die Anzahl Skifahrer, für die das bestehende touristische Transportangebot zur optimalen Bedürfnisbefriedigung ausreicht. Sollte es sich zeigen, dass dieser Wert wesentlich über demjenigen der durchschnittlich anwesenden Skifahrer liegt, so könnte dies - obschon der Naherholungstourismus noch nicht einbezogen ist - zu einer Abschwächung eventuell bereits Verneinung des Bedürfnisses für weitere Luftseilbahnen und Skilifte führen.

5. Schritt: Beurteilung des Projektes

Analog der Berechnungsmethode im 4. Schritt ist zunächst das Angebot an Höhenmetern aller Anlagen des Projektes zu bestimmen und anschliessend die optimale Skifahrerzahl wie folgt zu ermitteln:

$$\text{Optimale Skifahrerzahl}^{1)} = \frac{\sum_{i=P1}^{n} \Delta h_{P1} \cdot K_{P1} \cdot B_{P1} + \Delta h_{P2} \cdot K_{P2} \cdot B_{P2} + \cdots\cdots + \Delta h_{Pn} \cdot K_{Pn} \cdot B_{Pn}}{\text{gewünschte Höhendifferenz pro Tag}^{2)}}$$

---

1) Anzahl Skifahrer, deren Bedürfnis durch die Transportanlagen befriedigt werden kann.

2) 2800 - 3500 m

P = Projekt.

Die Berechnung der optimalen Skifahrerzahl ermöglicht einerseits den Vergleich mit der Skipistenkapazität und andererseits dient sie - unter Einschluss des gesamten übrigen Transportangebotes - als Kapazitätsvergleich zu den Beherbergungseinrichtungen im Kurort und in seiner näheren Umgebung. Die bekannten Ausbauprojekte der Hotellerie und des Hébergement Complémentaire müssen in die Betrachtung eingeschlossen werden. Eine erste noch nicht abschliessende Beurteilung des Projektes hat die folgenden beiden Zwecke:

1. Gegenüberstellung des Skipistenfassungsvermögens (vgl. dazu 4.332 und 4.334, 2. Schritt) und der optimalen Skifahrerzahl. Feststellen eines allfälligen Angebotsüberhanges einer Komponente.

2. Gegenüberstellung der optimalen Skifahrerzahl und der aus der Bettenbesetzung des Beherbergungsangebotes ermittelten Zahl der durchschnittlich anwesenden Skifahrer (vgl. dazu 4.334, 4. Schritt). Feststellung eines allfälligen Angebotsüberhanges einer der beiden Komponenten.

Im weiteren ist hier das vorgesehene Transportsystem des Projektes kritisch zu untersuchen, d.h. die Kapazität der Basisanlagen (Verbindung Kurort-Skigebiet) mit derjenigen der Anlagen im Skigebiet zu vergleichen. Nach Maurhofer[1] ist dabei der Grundsatz zu beachten, wonach die Kapazität der Basisanlagen ca. 1/3 des Transportvermögens der Anlagen im Skigebiet betragen sollte, d.h., dass diese nach drei Betriebsstunden der Basisbahn(en) voll ausgelastet sind.

Im Anschluss an die bisherigen Abklärungen im 5. Schritt stellt sich nun die Kardinalsfrage, ob die der Erfolgsrechnung (vgl. dazu 4.333) zugrunde gelegten Frequenzerwartungen realisierbar sind. Es empfiehlt sich folgendes stichwortartig aufgeführtes Verfahren:

a) Aufteilung der im Kurort durchschnittlich vorhandenen Skifahrer auf die verschiedenen Skigebiete → Bestimmung des ungefähren Marktanteils.

b) Saisonale Ueberprüfung der Frequenzerwartungen.

---

1) Maurhofer F., Der Erholungswert von Bergregionen, a.a.O.

aa) Sommersaison: Diese erstreckt sich über rund 5 Monate (Mitte Mai - Mitte Oktober)

Dauer der Sommersaison	=	ca. 150 Tage
Schlechtwettertage ca. 20 %	=	./. 30 Tage
verbleibende Betriebstage	=	120 Tage

Die in der Erfolgsrechnung angenommenen Frequenzen sind auf die verbleibenden Betriebstage aufzuteilen und unter Beizug der Anzahl durchschnittlich anwesender Gäste und deren Aufenthaltsdauer auf ihre Realisierbarkeit zu überprüfen. Dabei muss beachtet werden, dass die Benützung der touristischen Spezialverkehrsmittel während des Ferienaufenthaltes im Sommer viel weniger intensiv ist als im Winter. Eine sich ergebende Differenz zwischen notwendigen (aus Erfolgsrechnung) und möglichen Frequenzen wäre durch den Ausflugsverkehr zu decken, wobei diese Frequenzlücke auf die Wochenende Mitte Mai - Mitte Oktober aufgeteilt und diese Zahl wiederum kritisch auf ihre Realisierbarkeit hin untersucht werden muss.

bb) Wintersaison: Sollten die erwarteten Sommerfrequenzen in Anbetracht des vorhandenen Beherbergungsangebotes und des Ausflugsverkehrs zu hoch eingesetzt sein, so bedeutet dies für die gesamte Erfolgsrechnung, dass im Winter ein noch grösserer Anteil der Personen befördert werden muss als ursprünglich angenommen.
Die angenommenen Frequenzen der einzelnen Anlagen sind durch die Anzahl vorgesehener Betriebstage im Winter zu dividieren. Zur kritischen Analyse der Tagesfrequenzen sind die folgenden Faktoren weiter zu untersuchen:

- Vergleich der notwendigen Frequenzen mit der Skipistenkapazität.
- Vergleich der notwendigen Frequenzen mit dem Transport-

angebot (Wartezeiten bestimmen).

- Vergleich der Frequenzen der Basisbahn mit denjenigen der übrigen projektierten Anlagen ⟶ Feststellen von Engpässen.
- Vergleich der Frequenzen der Basisbahn mit der für das Skigebiet der projektierten Anlagen vermutlich ableitbaren Skifahrerzahl im Ort ⟶ Einbezug der Tagesskifahrer analog der Beurteilung der Sommersaison.

Zusammenfassend können wir festhalten, dass (Eignung des Skigebietes vorausgesetzt) dem 5. Schritt, insbesondere dem Vergleich der Transportkapazitäten und der zur wirtschaftlichen Tragfähigkeit erforderlichen Frequenzen mit dem Nachfragepotential, entscheidende Bedeutung zukommt.

<u>6. Schritt:</u> Einordnung in gesamtwirtschaftliches Entwicklungskonzept für das Berggebiet

Gestützt auf das gesamtwirtschaftliche Entwicklungskonzept für das Berggebiet und das Bundesgesetz über Investitionshilfe im Berggebiet, sollen kommunale Infrastrukturaufgaben vom Bund mitfinanziert werden (Restfinanzierung). "Wichtigste Bedingung für die Finanzhilfe wird allerdings die Integration von förderungswürdigen Projekten in ein regionales Entwicklungskonzept sein, womit die in der Maxime zitierte Schwerpunktbildung erreicht werden soll. In dem durch Gemeinde und Kanton gemeinsam zu erarbeitenden regionalen Entwicklungskonzept sind u.a. auch die Standorte touristischer Transportsysteme festzulegen. Damit wird in Zukunft indirekt ein weiterer Schritt in Richtung massvolle Expansion getan[1]". Innerhalb der Konzeptregion ist u.E. eine Prioritätsordnung betreffend weiterer Erschliessung mit

1) Pfund C., Gipfelstürmer im Dilemma, a.a.O.

touristischen Spezialverkehrsmitteln festzulegen nach folgendem Prinzip: Abrundung des bestehenden Angebotes (Ergänzungsanlagen) vor Erschliessung noch unberührter Skigebiete. Mit andern Worten: schwergewichtiges Anstreben der Konsolidierung der bestehenden Situation.

5. ZUSAMMENFASSUNG

Es kann hier nicht darum gehen, die Vielzahl der Untersuchungsergebnisse nochmals in konzentrierter Form wiederzugeben, sondern vielmehr um den Versuch, die uns am wichtigsten erscheinenden Erkenntnisse gegenseitig in Beziehung zu bringen.

Ausgehend von den immer zahlreicher werdenden Stimmen, die sich besorgt zeigen über die finanziell unerfreuliche Lage der Luftseilbahnen in der Schweiz, haben wir vorerst Bedeutung und Funktion der touristischen Spezialverkehrsmittel aufgezeigt und dabei festgehalten, dass diese in der frequenzmässig dominierenden Wintersaison als konstitutives Angebotselement bezeichnet werden müssen, und dass neben der betriebswirtschaftlichen heute in vermehrtem Masse die volkswirtschaftliche Rentabilität in den Vordergrund der Betrachtungen zu stellen ist. Dies gilt sowohl für bestehende als auch für projektierte touristische Spezialverkehrsmittel, wobei wir für die letzteren ein Beurteilungsverfahren entwickelt haben, das Initianten und Projektverfasser vor unternehmerischen Fehlentscheiden - wie sie in der Vergangenheit leider allzu oft getroffen wurden - vermehrt bewahren soll und der Konzessionsbehörde für ihren Entscheid qualitativ und quantitativ verbesserte Unterlagen zur Verfügung stellt.

Aufgrund einer detaillierten Lageanalyse ist unseres Wissens erstmals der Versuch unternommen worden, die relevanten Angebots- und Nachfragedaten der eidgenössisch konzessionierten Touristenbahnen regional aufzuarbeiten. Dabei haben wir in allen Regionen die immer dominierender werdende Rolle der Luftseilbahnen betreffend erzielter Frequenzen und vorhandener Kapazitäten erkannt, weshalb wir unsere weiteren Ausführungen schwergewichtig auf diesen Transportmitteltyp konzentrieren.

Die Gegenüberstellung der indexmässigen Entwicklung der beförderten Personen mit derjenigen des Transportangebotes hat ergeben, dass z.B. in der Region Waadt/Fribourg - deren Luftseilbahnunternehmen z.T. stark defizitär sind - trotz stagnierender und im Jahre 1972 im Vergleich zum Vorjahr rückgängiger Frequenzentwicklung die Förderleistung je Stunde dauernd zugenommen hat. Gesamtschweizerisch wächst seit 1968 das Transportvermögen stärker als die Zahl der beförderten Personen, wodurch ein immer grösseres Ungleichgewicht zwischen Angebot und Nachfrage entsteht. Als Folge davon weisen mit Ausnahme der Region Wallis die Luftseilbahnen aller Regionen im Jahre 1972 eine z.T. beträchtlich tiefere Anzahl Stunden Vollauslastung auf als im Jahre 1960.

Die Vermutung, wonach in der Vergangenheit zahlreiche Luftseilbahnen und Skilifte ohne hinreichende Planung gebaut worden sind, hat sich bei der Analyse der Betriebs- und der Gewinn-/Verlustrechnungen wiederholt bestätigt. Einen Hauptfehler erblicken wir in der Tatsache, dass die Konzessionsunterlagen in der Regel auf einem Vorprojekt basieren, und die Zahlenangaben bezüglich geschätzter Frequenzen, Betriebsaufwand, Verkehrsertrag, Rentabilität oft "über den Daumen gepeilt sind". Hier wirkt sich u.E. die Verwendung von meist untauglichen Kennwerten besonders verhängnisvoll aus.

Das Eidg. Amt für Verkehr verfügt über keine Kriterien zur Prüfung der Nachfrageschätzungen und der Erfolgsberechnung. Ausgerechnet die für den wirtschaftlichen Erfolg eines Luftseilbahnunternehmens ausschlaggebenden Annahmen seitens der Initianten und Projektverfasser werden demnach nicht auf ihre Realisierbarkeit geprüft. So erstaunt es auch nicht, dass in verschiedenen Fällen Konzessionen erteilt worden sind zur Erweiterung bestehender Anlagen, obschon die betreffenden Unternehmen bereits in roten Zahlen steckten. Die Flucht nach vorn hat sich in keinem Falle bewährt, ist doch der Passivsaldo weiter angestiegen. Einerseits waren die erwartenden Frequenzen zu hoch angenommen, während andererseits die Ausdehnung der festen Verbindlichkeiten und damit verbunden die Erhöhung der Zinsenlast sich negativ auf die Gewinn- und Verlustrechnung ausgewirkt haben. Sofern die Zunahme des Zinsendienstes nicht durch gesteigerte Frequenzen "erwirtschaftet" werden kann, resultiert eine weitere Erhöhung des Passivsaldos. Es handelt sich hier um einen Teufelskreis, aus dem verschiedene defizitäre Luftseilbahnunternehmen nurmehr schwerlich werden ausbrechen können.

Die Massnahmen sind getrennt behandelt worden nach bestehenden und geplanten Luftseilbahnen. Eine Mehrzahl von Massnahmen im Bereich bestehender Unternehmen kann sowohl für rentierende wie auch für defizitäre Bahnen zu einer Verbesserung der Situation führen und vermag den Bedürfnissen der Nachfrage in verstärktem Masse gerecht zu werden. Wir denken hier vor allem an die Schaffung regionaler Billet- und Abonnementsgemeinschaften und Massnahmen zur Verbesserung der horizontalen Kooperation (gemeinsame Werbung, koordinierte Tarif- und Lohnpolitik, Angleichung der Verpflegungspreise in den verschiedenen Skigebieten, Sekretariatspool, gemeinsamer Einkauf usw.). Der vertikalen Kooperation, d.h. der Zusammenarbeit zwischen Unternehmen des Sektors touristischer Transport und solchen der übrigen Angebotselemente (insbesondere Beherbergung und Verpflegung) wird in Zukunft vermehrt Beachtung geschenkt werden müssen, vorausgesetzt, dass der unverkennbare Trend zu Package-Ferien weiter anhält. Obschon bei Realisierung der Massnahmen im Bereich der horizontalen Kooperation viele Vorteile einer Fusion (horizontaler Zusammenschluss), bei gleichzeitiger Wahrung der Selbständigkeit, ausgeschöpft werden können, ist in Zukunft die Bildung von Luftseilbahn-Holdinggesellschaften als neue Unternehmungsform vor allem in Kurorten mit Transportanlagen unterschiedlichen Alters und als Folge davon stark divergierender Baukosten, Abschreibungen usw. in Erwägung zu ziehen.

Als spezifische Massnahme für defizitäre Luftseilbahnen wird neben der Sanierung die Anwendung des "Direct Costing" für die frequenzschwache Saison (in der Regel Sommer) vorgeschlagen. Luftseilbahnunternehmen, deren saisonaler Betriebsertrag kleiner ist als die variablen Kosten, sollten eine Betriebsstillegung verfügen. Bevor dieser Entscheid jedoch gefällt wird, ist der Stellenwert der in Frage stehenden Anlage(n) im gesamten Kurort zu bestimmen. Falls die gesamtkurörtliche Attraktivität durch die saisonale Betriebsschliessung nicht spürbar gemildert wird und das Personalproblem befriedigend gelöst werden kann, sind u.E. die sich aufdrängenden betriebswirtschaftlichen Konsequenzen zu ziehen. Andernfalls hätten die "Nutzniesser" (Hotellerie, Verkehrsverein) für die Dekkung der Differenz zwischen variablen Kosten und Betriebsertrag besorgt zu sein.

Die Vorschläge zur Planung und Prüfung neuer Projekte sind in unserer Arbeit bereits so stark konzentriert wiedergegeben, dass wir auf eine noch weitergehende Zusammenfassung bewusst verzichten (vgl. Seite 147 ff.) und abschliessend lediglich folgendes festhalten möchten: Unsere Vorschläge, wie auch die in Ueberarbeitung stehende Luftseilbahnverordnung, kommen - wie leider in unserer Wirtschaft so vieles - in einem relativ späten Zeitpunkt, denn der stärkste Bauboom touristischer Spezialverkehrsmittel dürfte bis 1972 erfolgt sein. Eine noch weitergehende Erschliessung wird angesichts der immer knapper werdenden, noch verfügbaren Landschaft und der Tatsache, dass Luftseilbahnen keine "Hühner sind, die goldene Eier legen" nicht mehr das gleiche Ausmass haben können. Die Bundesstellen müssen u.E. verpflichtet werden, neue Luftseilbahn- und Skiliftprojekte in Zukunft noch gründlicher zu prüfen. Entgegen bundesrätlicher Beschwerdeentscheide sind auch wirtschaftliche Gesichtspunkte in Erwägung zu ziehen und der Einbusse an "landschaftlicher Substanz" gegenüberzustellen.

Mit der Einordnung von Projekten des touristischen Transportes in die Arbeiten des gesamtwirtschaftlichen Entwicklungskonzeptes für das Berggebiet wird in Zukunft indirekt ein Schritt in Richtung massvoller Expansion getan. In den regionalen Entwicklungskonzepten werden auch Standorte touristischer Transportsysteme ausgeschieden und dem Trend, jeder Gemeinde ihre Luftseilbahn(en) und Skilifte entgegengewirkt. Innerhalb der einzelnen Konzeptregion postulieren wir abschliessend folgende Prioritätsordnung zum weiteren Ausbau mit touristischen Spezialverkehrsmitteln: Abrundung des bestehenden Angebotes (Ergänzungsanlagen) vor Erschliessung noch unberührter Skigebiete. Mit andern Worten: Schwergewichtiges Anstreben der Konsolidierung der heutigen Situation.

***

A N H A N G

Anmerkung: Das in Tabellenform dargestellte Urmaterial der Dissertation (26 gefaltete Tabellen) kann gegen Entgelt direkt beim Autor c/o Schweizerischer Fremdenverkehrsverband, Monbijoustrasse 29, 3001 Bern bezogen werden.

Grafik a: Mit Luftseilbahnen beförderte Personen 1960 und 1965-1972 nach Saison; relative Anteile der einzelnen Regionen (Schweiz = 100 %)

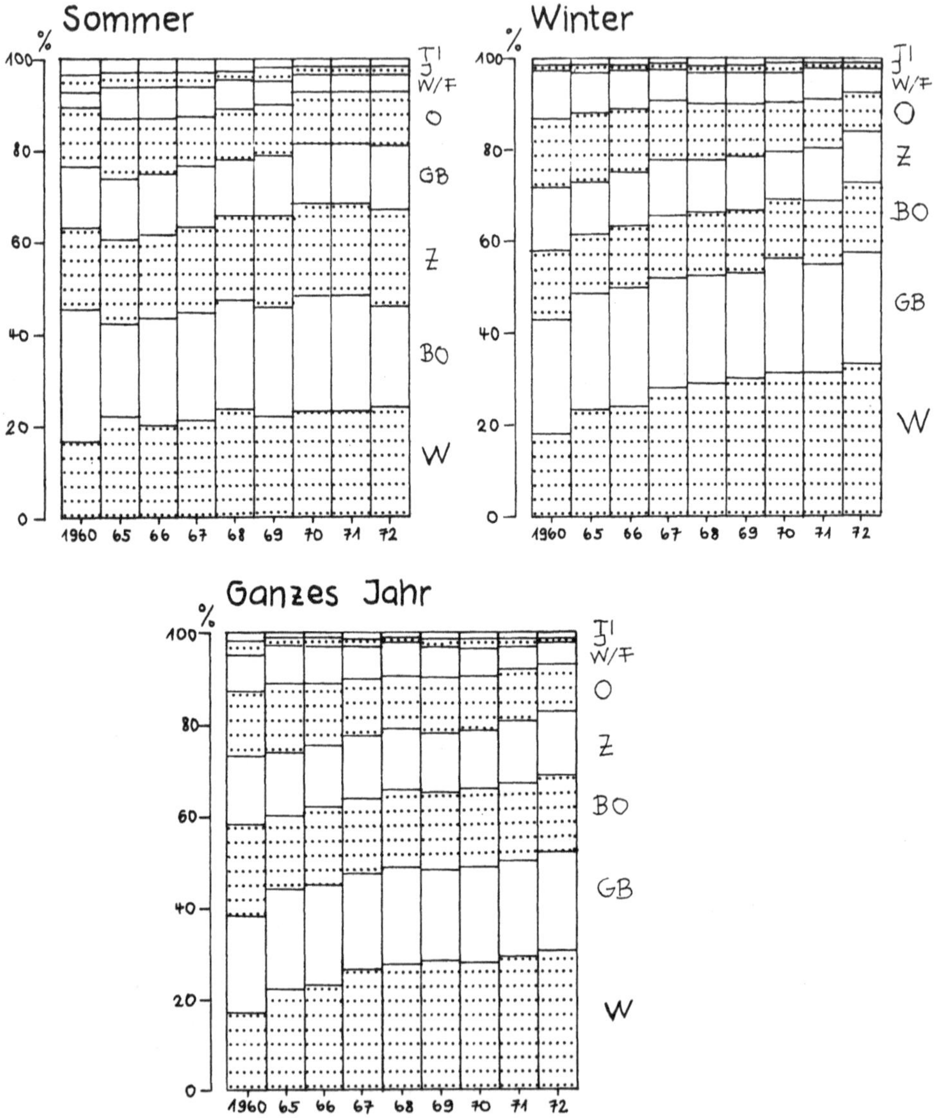

Quelle: Eigene unveröffentlichte Berechnungen aufgrund der Schweizerischen Verkehrsstatistik

Grafik b: Mit Standseilbahnen beförderte Personen 1960 und 1965-1972 nach Saison; relative Anteile der einzelnen Regionen (Schweiz = 100 %)

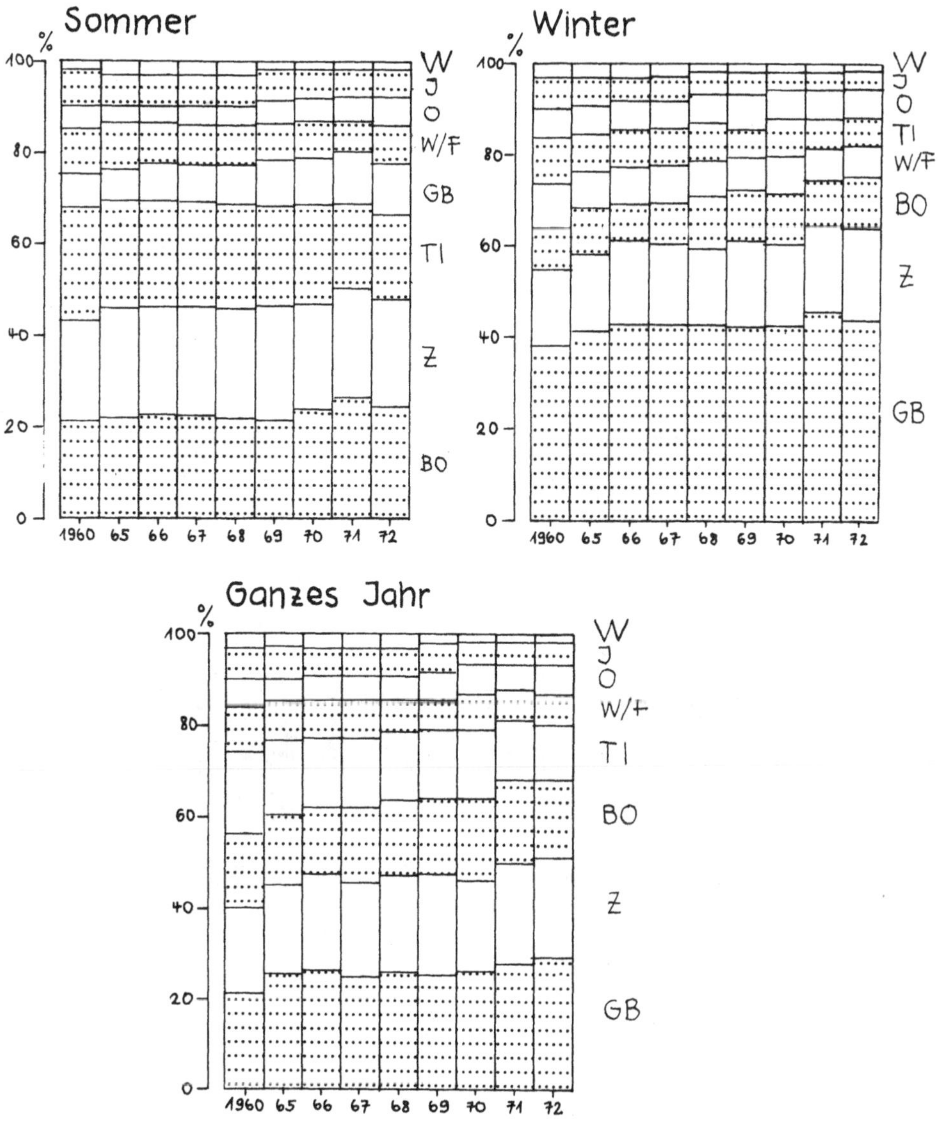

Quelle: Eigene unveröffentlichte Berechnungen aufgrund der Schweizerischen Verkehrsstatistik

Grafik c: Beförderte Personen 1960 und 1965-1972 nach Regionen; relative Anteile der einzelnen Transportmitteltypen

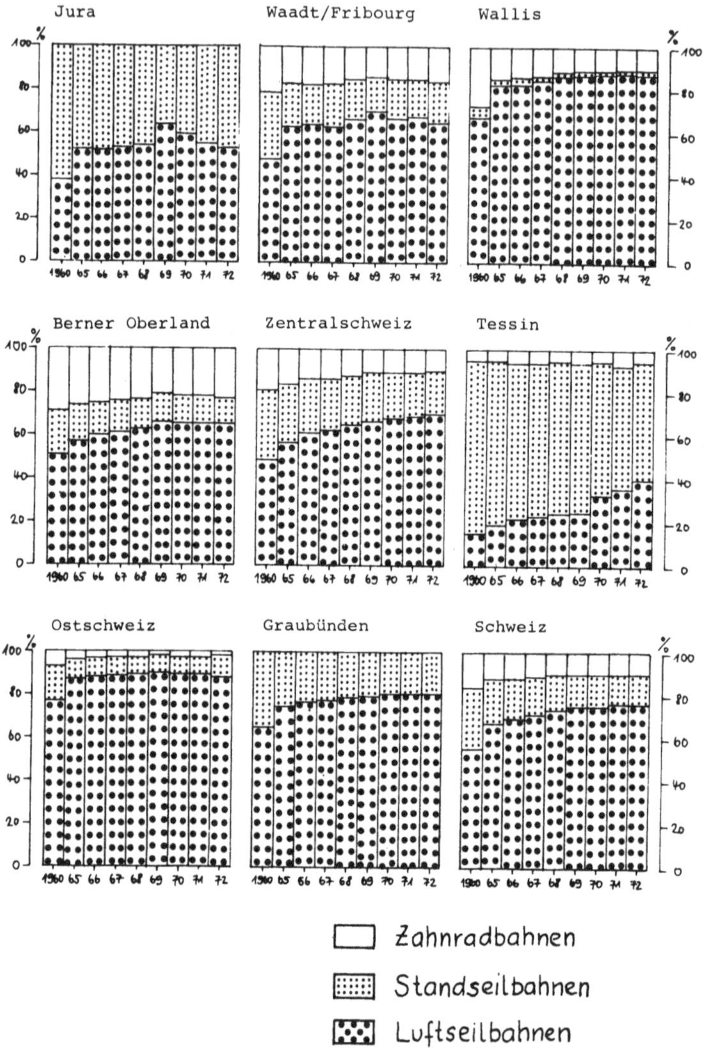

Quelle: Eigene unveröffentlichte Berechnungen aufgrund der Schweizerischen Verkehrsstatistik

Grafik d: Beförderte Personen in der Schweiz 1960 und 1965-1972 nach Transportmitteltypen; relative saisonale Anteile

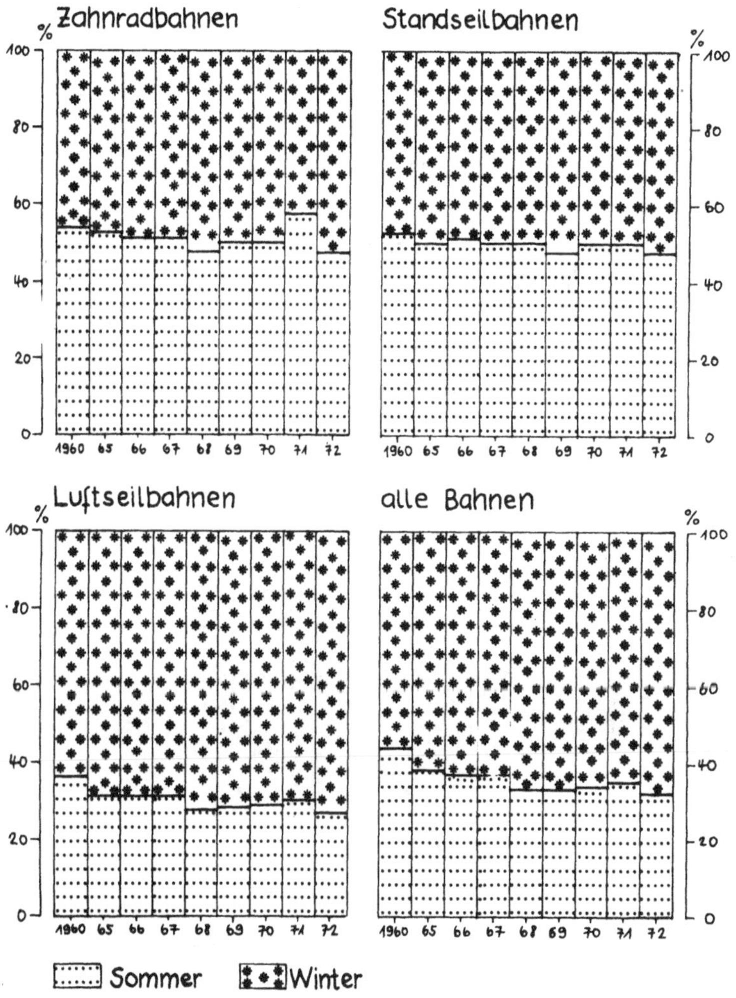

Quelle: Eigene unveröffentlichte Berechnungen aufgrund der Schweizerischen Verkehrsstatistik

Grafik e: Beförderte Personen in der Schweiz 1960 und 1965-1972 nach Saison; relative Anteile der einzelnen Transportmitteltypen

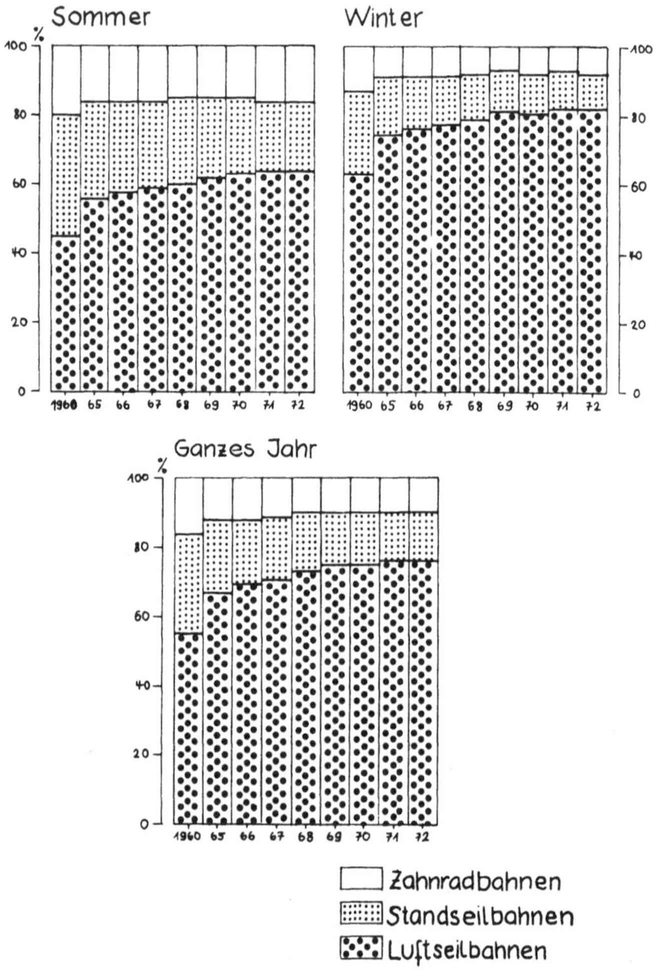

Quelle: Eigene unveröffentlichte Berechnungen aufgrund der Schweizerischen Verkehrsstatistik

Grafik f: Transportvermögen der Standseilbahnen 1960 und 1972; relative Anteile der Regionen (Schweiz = 100 %)

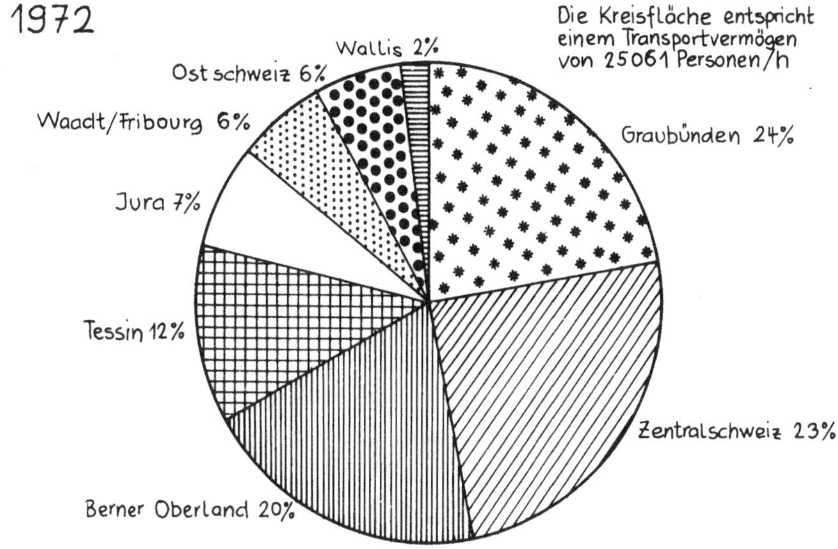

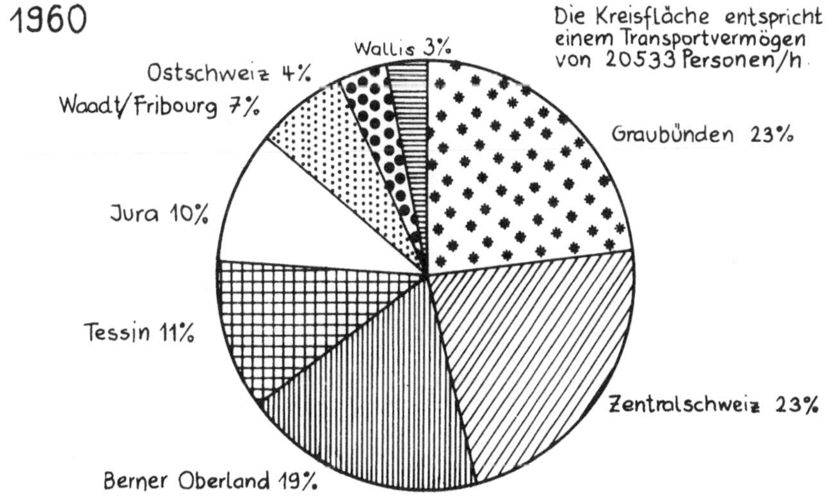

Quelle: Eigene unveröffentlichte Berechnungen aufgrund der Schweizerischen Verkehrsstatistik

Grafik g: Transportvermögen 1960 und 1965-1972 nach Regionen; relative Anteile der Stand- und Luftseilbahnen

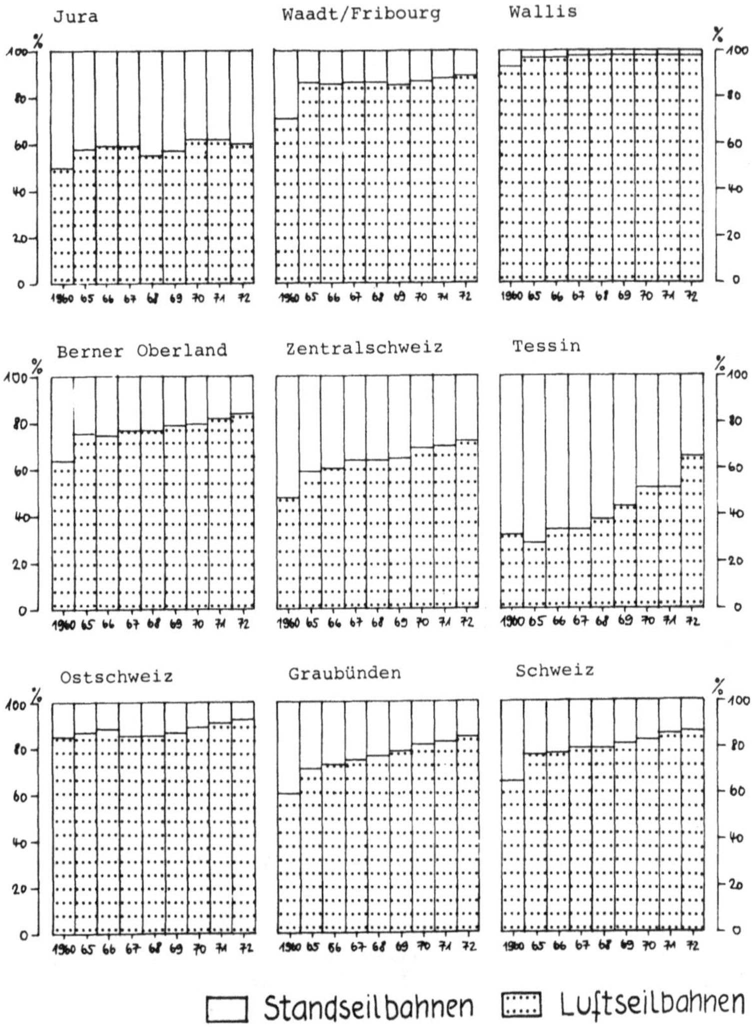

Quelle: Eigene unveröffentlichte Berechnungen aufgrund der Schweizerischen Verkehrsstatistik

Grafik h: Betriebsaufwand der Luftseilbahnen 1960 und 1965-1972 nach Regionen; relative Anteile der drei Aufwandarten

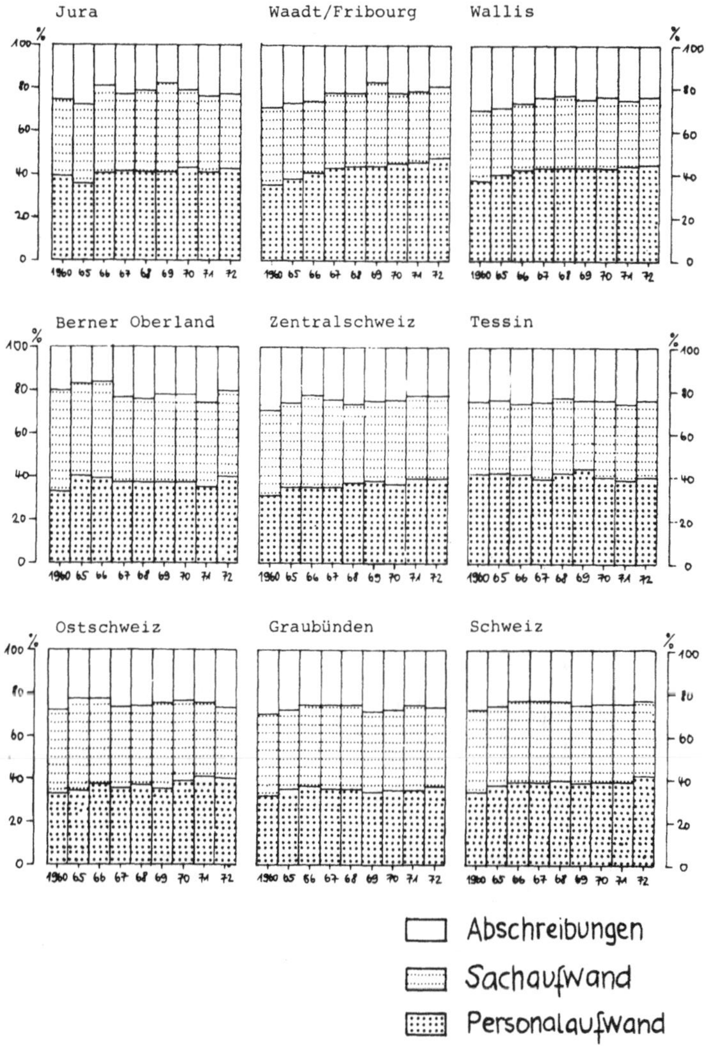

Quelle: Eigene unveröffentlichte Berechnungen aufgrund der Schweizerischen Verkehrsstatistik

Grafik i: Betriebsaufwand der Standseilbahnen 1960 und 1965-1972 nach Regionen; relative Anteile der drei Aufwandarten

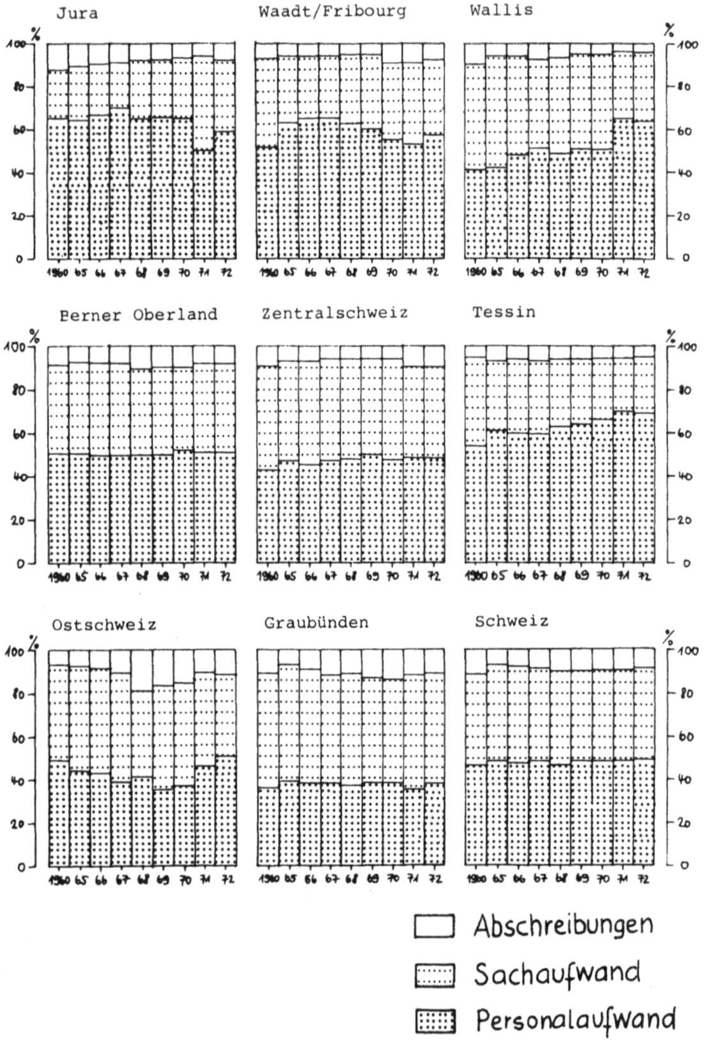

Quelle: Eigene unveröffentlichte Berechnungen aufgrund der Schweizerischen Verkehrsstatistik

Grafik k: Verkehrsertrag1) der Standseilbahnen 1960 und 1965-1972 nach Regionen; relative saisonale Anteile

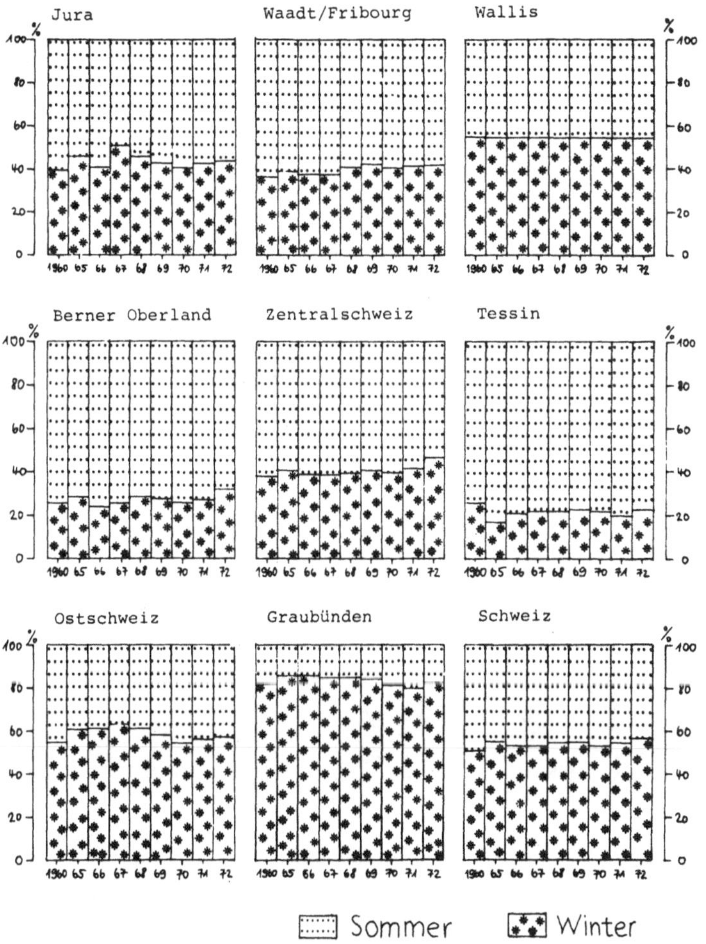

1) Ohne Güterverkehr.

Quelle: Eigene unveröffentlichte Berechnungen aufgrund der Schweizerischen Verkehrsstatistik

LITERATURVERZEICHNIS

Barnick H., Berichte zur Raumforschung und Raumplanung, Oesterreichische Gesellschaft für Raumforschung und Raumplanung (ÖGRR), 15. Jahrgang 1971, Heft 2.

Bonorand M., Zur Struktur und Problematik der touristischen Erschliessung des französischen Berggebietes, ein Beitrag zur Fremdenverkehrsplanung, Berner Studien zum Fremdenverkehr, hrsg. vom Forschungsinstitut für Fremdenverkehr an der Universität Bern und Frankfurt 1974.

Bumann H., Luftseilbahnen - umstrittene Objekte der Wirtschaftlichkeit, in: Der Walliser Bote, Freitag, 19. Mai 1972.

Chappis L., Méthodologie de l'étude d'aménagement en montagne, in: Urbanisme, No 116, Paris 1970.

Cumin G., Capacité d'un domaine skiable, in: Economie et Prospective de la Montagne, No 7.

Der Bund, mehr als 1/3 aller Schweizer Seilbahnen ist defizitär, Nr. 28 vom 4.2.1973.

Eidg. Amt für Verkehr, Anleitung zur Erstellung der Jahresrechnungen und Bilanzen der eidg. konzessionierten Luftseilbahnen (Pendel- und Umlaufbetrieb) gültig ab 1. Januar 1961.

Eidg. Amt für Verkehr, die bisherige Konzessionierungspraxis und die Entwicklung der Luftseilbahnen in der Schweiz, Ausführungen des Eidg. Amtes für Verkehr zu Handen von Herrn Bundesrat R. Bonvin, anlässlich eines Podiumsgesprächs der Parlamentarischen Gruppe für Tourismus und Verkehr vom 29. September 1971 in Bern.

Elsasser H., Eignungs- und Attraktivitätsuntersuchungen, ein Beitrag der Geographie zur Raumplanung, Antrittsvorlesung an der Universität Zürich vom 12. Februar 1973.

Forschungsinstitut für Fremdenverkehr an der Universität Bern, unveröffentlichte Mitberichte z.H. des Kantonalen Planungsamtes Bern zu Konzessionsgesuchen. Beispiel: Gondelbahnprojekt Grindelwald-Grund-Männlichen, Luftseilbahn Eggenschwand-Bärgli in Kandersteg, u.a.m.

Fremdenverkehrsdienst des Eidg. Amtes für Verkehr, Luftseilbahnbericht 1972, wirtschaftlich-touristische Entscheidungsgrundlagen für eine objektive Konzessionierungspraxis bei Luftseilbahnen (Studienbericht), Bern, Dezember 1972.

Fromer L., Wirtschaftliche Gesichtspunkte bei der Führung von Luftseilbahnen, in: Neue Zürcher Zeitung vom 8. Januar 1972, Seite 15.

Grosjean G., Seilbahnbau und Fremdenverkehrserschliessung unter dem Aspekt räumlicher Ausscheidung, in: Heimatschutz, 62. Jahrgang Nr. 4, Dezember 1967, Seite 102 ff.

Hotel-Revue, Neue Führungs- und Finanzierungsmethoden im schweizerischen Luftseilbahngewerbe, Interview mit L. Fromer, in: Hotel-Revue, Nr. 2, 13. Januar 1972, Seite 8.

Kaspar C., u.a. Die touristische Erschliessung des Hochgebirges durch Luftseilbahnen, Institut für Fremdenverkehr und Verkehrswirtschaft an der Hochschule St. Gallen für Wirtschaft und Sozialwissenschaft, Sonderreihe Verkehrswirtschaft Nr. 2, St. Gallen, März 1973.

Kaspar C., Funktionen und betriebswirtschaftliche Problematik der Seilbahnen aus wissenschaftlicher Sicht, Referat gehalten am 16. Mai 1974 in Badgastein, anlässlich der österreichischen verkehrswissenschaftlichen Tagung.

Krippendorf J., Die Bedeutung der Luftseilbahnen für den schweizerischen Fremdenverkehr - wirtschaftliche Erwägungen und Gedanken zur Konzessionierungspraxis, Kurzreferat, gehalten an der Sitzung der Parlamentarischen Gruppe für Verkehr und Tourismus vom 29.9.1971 in Bern.

Krippendorf J., Annasohn K., Schär U. und Bonorand M., Bildung von Realisierungseinheiten im Berggebiet aus touristischer Sicht, Zusatzgutachten zu den Leitlinien für die Berggebietsförderung (Arbeitsgruppe Stocker).

Krippendorf J. und Schär U., Projekte des Ski- und Wanderzentrums Interlaken-Nord (Unterseen-Gemmenalp-Beatenberg), unveröffentlichtes Gutachten des Forschungsinstitutes für Fremdenverkehr an der Universität Bern, 1973.

Krippendorf J., Annasohn K. und Schär U., Begründung und Vorschläge zu einer Neuorientierung der stadtbernischen Fremdenverkehrspolitik, Gutachten, verfasst im Auftrag des Gemeinderates der Stadt Bern, Sommer 1973.

Matti E., Aufschlüsselung von Abonnementseinnahmen aus touristischen Spezialverkehrsmitteln, schriftliche Examensarbeit am Forschungsinstitut für Fremdenverkehr der Universität Bern, 1974.

Maurhofer F., Der Erholungswert von Bergregionen, Kriterien zur Beurteilung privater und öffentlicher Investitionen im kurörtlichen Bereich, Separatdruck aus der Schweizerischen Handelszeitung Nr. 37/72.

N.A.C.A. Research Report, Direct Costing. N.A.C.A. Research Series No. 23, New York 1953, zitiert in: Riebel P., Einzelkosten- und Deckungsbeitragsrechnung, Westdeutscher Verlag Opladen 1972, Seite 36 und 46 ff.

Neue Zürcher Zeitung, die Bedeutung der Bergbahnen für den Schweizer Tourismus, Nr. 487 vom 20.10.73, Seite 42.

Neue Zürcher Zeitung, Defizitäre Seilbahnen, Mittagausgabe Nr. 54 vom 2. Februar 1973, Seite 22.

Pfenniger P., Die Erteilung von Konzessionen und Bewilligungen bei Fremdenverkehrsbahnen und Skiliften, Diss. Verlag P.G. Keller, Zürich 1968.

Pfund C., Gipfelstürmer im Dilemma, in: Hotel-Revue, Nr. 51/52 vom 20. Dezember 1973, Seite 12.

Pfund C., Rechtliche und wirtschaftliche Probleme der touristischen Spezialverkehrsmittel, Diss. St. Gallen, Zürich 1968.

Pfund C., Verkehrspolitische Probleme - Konzessionierungs- und Bewilligungspraxis, Referat gehalten an der Generalversammlung des Schweizerischen Verbandes der Seilbahnunternehmungen 1972 in Davos.

Risch P., Bergbahnen, Heimatschutz und Fremdenverkehr, in: Heimatschutz, Zeitschrift der Schweizerischen Vereinigung für Heimatschutz, 62. Jahrgang Nr. 4, Dezember 1967 Seite 122 f.

Rösli J., Kriterien für eine Luftseilbahnpolitik des Bundes, Referat gehalten anlässlich der Herbsttagung der Vereinigung Schweizerischer Verkehrsingenieure in Valbella/Lenzerheide vom 12./13. Oktober 1973.

Schär U., Lenk - Ein Kurort entwickelt sich, in: Der Bund Nr. 54, Bern, Mittwoch 6. März 1974, Seite 3.

Scheiwiller B., Jede 6. Schweizer Luftseilbahn arbeitet mit Defizit, in: Die Weltwoche Nr. 12 vom 22.3.72, Seite 15.

Schönenberger R., Kapazitätsgrenzen alpiner Skigebiete, Diss., Zürich 1973.

Schweizerische Verkehrsstatistik, hrsg. vom Eidg. Amt für Verkehr.

Stoessel H., Sport und Fremdenverkehr, Die Bedeutung des Sports für den schweizerischen Fremdenverkehr, St. Galler-Beiträge zum Fremdenverkehr und zur Verkehrswirtschaft Nr. 3, (Reihe Fremdenverkehr).

Theus R., Planung und Finanzierung der Infrastruktur in Fremdenverkehrsorten, St. Galler-Diss., Chur, 1971, zitiert von Kaspar C., Probleme und Methoden der Investitionsplanung für Kurortseinrichtungen, Referat gehalten am Aus- und Weiterbildungskurs des Verbandes Schweizer Kur- und Verkehrsdirektoren, Gurten, Dezember 1972, publiziert in: Revue de tourisme, Nr. 1, Januar/März 1973, Seite 15.

Verkehrsverein Berner Oberland (VBO), Neukonzeption des VBO, Bericht der ad hoc-Kommission zum Studium einer Neukonzeption, Februar 1972.

Eisenbahngesetz vom 20. Dezember 1957.

Bundesgesetz betreffend den Postverkehr (Postverkehrsgesetz) vom 2. Oktober 1924.

Verordnung zum Postverkehrsgesetz vom 1. September 1967

Verordnung über Bau und Betrieb von eidg. konzessionierten Seilbahnen vom 23. September 1968.

Verordnung über die Luftseilbahnen mit Personenbeförderung ohne Bundeskonzession und Skilifte vom 22. März 1972.

BERNER STUDIEN ZUM FREMDENVERKEHR

Heft 1 Paul Risch: Die praktischen Möglichkeiten der schweizerischen Entwicklungshilfe im Fremdenverkehr. 200 S. 1966. sFr. 26.–

Heft 2 Peter Kühler: Führen und Delegieren in Hotellerie und Gastwirtschaftsgewerbe. Theoretische und praktische Beiträge zur Betriebsführung. 180 S. 1970. (3. Auflage) sFr. 26.–

Heft 3 Jost Krippendorf: Gedanken zu aktuellen Problemen des Fremdenverkehrs und des Gastgewerbes am Beispiel der Schweiz. 134 S. 1967. sFr. 16.–

Heft 4 Hans Kronenberg: Der Betriebsvergleich in den gemeinnützigen Badekuranstalten der Schweiz. 128 S. 1968. sFr. 19.–

Heft 5 Reto Jürg Schneider: Die Möglichkeiten und Probleme einer regionalen touristischen Planung. 140 S. 1968. sFr. 18.–

Heft 6 Franco Enrico Keller: Zur Preispolitik der Hotellerie. Eine kritische Betrachtung der Preis- und Konditionenkartellierung des Schweizer Hotelier-Vereins unter modernen Marktvoraussetzungen. 166 S. 1970. sFr. 26.–

Heft 7 Jost Krippendorf: Marketing im Fremdenverkehr. Beitrag zu einer schweizerischen Konzeption. 162 S. 1971. sFr. 28.–
– idem. *Edition française.* Marketing et tourisme. 158 p. 1971. sFr. 28.–

Heft 8 Hans Teuscher: Analyse und Möglichkeiten des internationalen Tourismus in Südamerika. 200 S. 1971. sFr. 36.–

Heft 9 Josef Charvát: Gegenwart und Zukunft des Heilbäderwesens. 121 S. 1972. sFr. 28.–

Heft 10 Neue Entwicklungen in der Hotellerie. (Referate einer Studientagung in Rüschlikon). 312 S. 1972. sFr. 38.–

Heft 11 Andreas Bulling: Die Hotelfinanzierung in der Schweiz aus der Sicht der Banken. 188 S. 1972. sFr. 36.–

Heft 12 Jost Krippendorf: Fremdenverkehr im Wandel. 154 S. 1974. sFr. 36.–

Heft 13 Jost Krippendorf: Der Europa-Markt für Reisen nach Südamerika und insbesondere nach Peru – Beispiel einer sekundären touristischen Marktstudie. 86 S. 1973. sFr. 14.–

Heft 14 Mario Bonorand: Zur Struktur und Problematik der touristischen Erschliessung des französischen Berggebietes – Ein Beitrag zur Fremdenverkehrsplanung. 224 S. 1974. sFr. 32.–

Heft 15 Hans Rentsch: Die volks- und fremdenverkehrswirtschaftlichen Auswirkungen einer Autostrasse Lauterbrunnen–Wengen. 230 S. 1974. sFr. 36.–

Heft 16 Peter Anrig: Die rechtlichen Anforderungen an die Kurtaxengesetzgebung in der Schweiz. 92 S. 1975.

Heft 17 Konrad Annasohn: Versuch einer langfristigen Prognose der touristischen Frequenzen im schweizerischen Berggebiet.

Printed by
CPI books GmbH, Leck

FSC
www.fsc.org
MIX
Papier | Fördert gute Waldnutzung
FSC® C083411

Kolibri 360 GmbH
Ferdinand-Jühlke-Straße 7
99095 Erfurt, Deutschland
produktsicherheit@kolibri360.de